Conviver

Matemática

Ensino Fundamental de nove anos

2º ano

Luiz Márcio Imenes

Engenheiro civil pela Escola Politécnica da Universidade de São Paulo (EPUSP), licenciado em Matemática pela Faculdade de Filosofia, Ciências e Letras de Moema (FFCLM) e mestre em Educação Matemática pela Universidade Estadual Paulista Júlio de Mesquita Filho (Unesp).

Marcelo Lellis

Bacharel em Matemática pelo Instituto de Matemática e Estatística da Universidade de São Paulo (IMEUSP), mestre em Educação Matemática pela Pontifícia Universidade Católica de São Paulo (PUC-SP).

Estela Milani

Licenciada em Ciências Físicas e Biológicas com habilitação em Matemática pela Unesp, licenciada em Pedagogia pela Faculdade de Filosofia, Ciências e Letras de São Bernardo do Campo (FFCLSBC).

Acompanha este livro: Tabuleiro de jogo

1ª edição

Moderna

Moderna

Coordenação editorial: José Luiz Carvalho da Cruz
Edição de texto: Mara Regina Garcia Gay, Andrezza Guarsoni Rocha
Assistência editorial: Julio Cesar Augustus de Paula Santos, Thais Bueno de Moura
Preparação de texto: Renato da Rocha Carlos
Coordenação de *design* e projetos visuais: Sandra Botelho de Carvalho Homma
Projeto gráfico: Everson de Paula, Mariza de Souza Porto, Marta Cerqueira Leite
Capa: *Criação:* Sandra Botelho de Carvalho Homma
Produção: Everson de Paula
Construção em papel: Kazue Taciro, Paulo Manzi
Foto: Paulo Manzi
Coordenação de produção gráfica: André Monteiro, Maria de Lourdes Rodrigues
Coordenação de arte: Maria Lucia F. Couto
Edição de arte: Iara Rikimaru
Editoração eletrônica: Grapho Editoração
Ilustrações: Adilson Secco, Alex Argozino, Éber Evangelista, George Tutumi, Hector Gómez Alisio, Hélio Senatore, José Luís Juhas, Manga, Paulo Manzi, Toni Caputo, Wagner Willian
Coordenação de revisão: Elaine Cristina del Nero
Revisão: Ana Cortazzo, Fernanda Marcelino, Fernanda Kanawati, Nancy H. Dias, Renato Luiz Tresolavy
Coordenação de pesquisa iconográfica: Ana Lucia Soares
Pesquisa iconográfica: Ana Claudia Fernandes, Carolina Leite, Etoile Shaw, Odete Ernestina Pereira
As imagens identificadas com a sigla CID foram fornecidas pelo Centro de Informação e Documentação da Editora Moderna.
Coordenação de *bureau*: Américo Jesus
Tratamento de imagens: Fabio N. Precendo, Luiz C. Costa, Rodrigo Fragoso
Pré-impressão: Everton L. de Oliveira, Helio P. de Souza Filho, Marcio Hideyuki Kamoto
Coordenação de produção industrial: Wilson Aparecido Troque

Dados Internacionais de Catalogação na Publicação (CIP)
(Câmara Brasileira do Livro, SP, Brasil)

Imenes, Luiz Márcio
Conviver : matemática : ensino fundamental de nove anos / Luiz Márcio Imenes, Marcelo Lellis, Estela Milani. — 1. ed. — São Paulo : Moderna, 2009.

Obra em 5 v. para alunos do 1º ao 5º ano.
Bibliografia.

1. Matemática (Ensino fundamental) I. Lellis, Marcelo. II. Milani, Estela. III. Título. IV. Série.

09-06793 CDD-372.7

Índices para catálogo sistemático:
1. Matemática : Ensino fundamental 372.7

ISBN 978-85-16-05950-7 (LA)
ISBN 978-85-16-05951-4 (GR)

EDITORA MODERNA LTDA.
Rua Padre Adelino, 758 - Belenzinho
São Paulo - SP - Brasil - CEP 03303-904
Vendas e Atendimento: Tel. (0_ _11) 2602-5510
Fax (0_ _11) 2790-1501
www.moderna.com.br
2012
Impresso na China

1 3 5 7 9 10 8 6 4 2

Desde que nasci,
muitas coisas aprendi.
Sei correr, dançar e abraçar.
Agora, começo a ler e a escrever.
Até um pouco de Matemática já sei.
Quer ver?
Triângulo tem três lados.
E o círculo?
Nenhum lado tem!

Seu livro é assim...

Este é o seu livro de Matemática. Conheça sua organização.

O livro tem quatro unidades. Na *Abertura* de cada uma, você terá os *Primeiros contatos* com alguns dos assuntos que aprenderá.

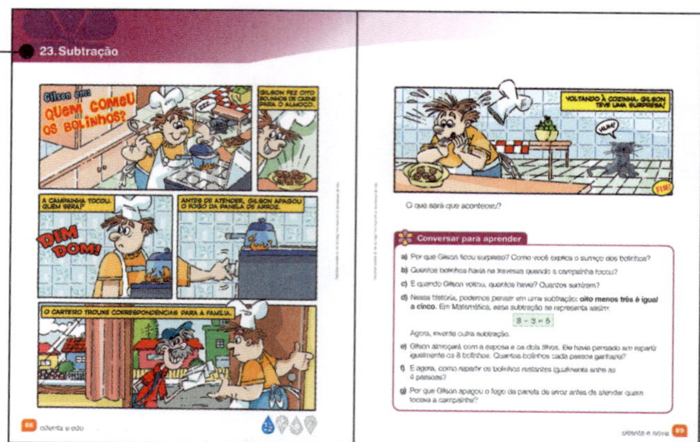

Cada unidade tem dezoito *Itens*. Para aprender Matemática, será preciso primeiro ler o texto. Depois, conversando com seus colegas e a professora, você irá aprimorar o entendimento do texto.

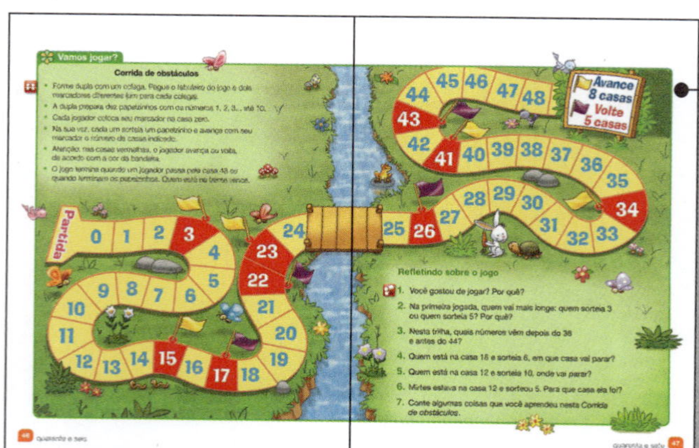

Você será convidado a jogar, desenhar, representar, explorar, construir, medir e muito mais.

Matemática só se aprende pensando. Por isso, durante todo o livro você será convidado a pensar.

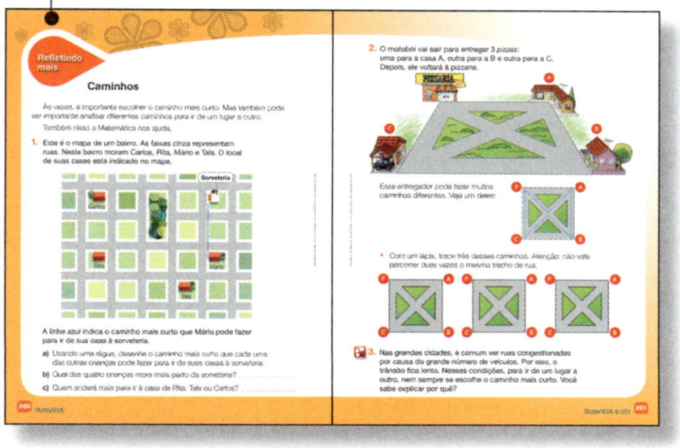

Indicamos alguns livros nos quais também a Matemática está presente.

Esta seção ajuda a avaliar seu aprendizado.

As *Folhas especiais* trazem materiais para diversas atividades.

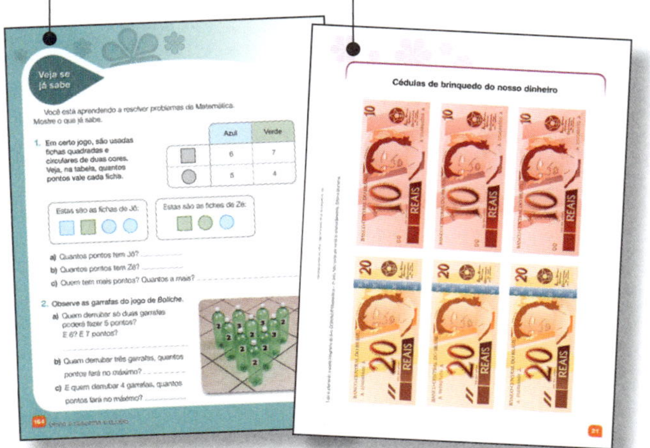

Ícones que vão orientar a forma como você deve fazer as atividades:

- Atividade oral
- Atividade em dupla
- Atividade em grupo
- Atividade no caderno
- Atividade com calculadora
- Cálculo mental

Ícones que indicam o eixo de conteúdo:

- Números e operações
- Espaço e forma
- Grandezas e medidas
- Tratamento da informação

Sumário

Eixos de conteúdo

Neste sumário, a cor do item numerado indica o eixo de conteúdo predominante.

Números e operações
Espaço e forma
Grandezas e medidas
Tratamento da informação

UNIDADE 1

UNIDADE 2

UNIDADE 1

Observe as fotos e alguns detalhes em destaque.

Prateleira de supermercado.

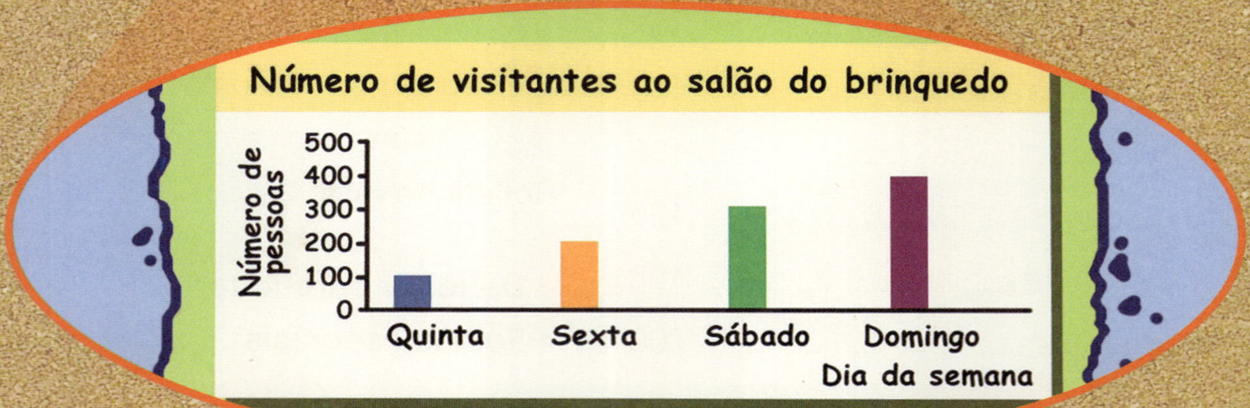

Primeiros contatos

1. Na sua opinião, Matemática tem a ver com quê?
2. As fotos destas duas páginas têm a ver com a Matemática. Na prateleira do supermercado, a Matemática está onde?
3. E na colcha de crochê?
4. Na foto da avenida, destacamos uma placa que tem a ver com Matemática. Do que é a placa?
5. Descubra mais dois elementos nestas duas páginas que têm a ver com Matemática.

Avenida do bairro Paraíso, em São Paulo.

Cama com colcha de crochê.

1. Números em toda parte

Observando bem, você descobre números nos lugares mais variados. Note que os números têm vários usos: indicam preços, quantidades, medidas, identificam lugares, veículos...

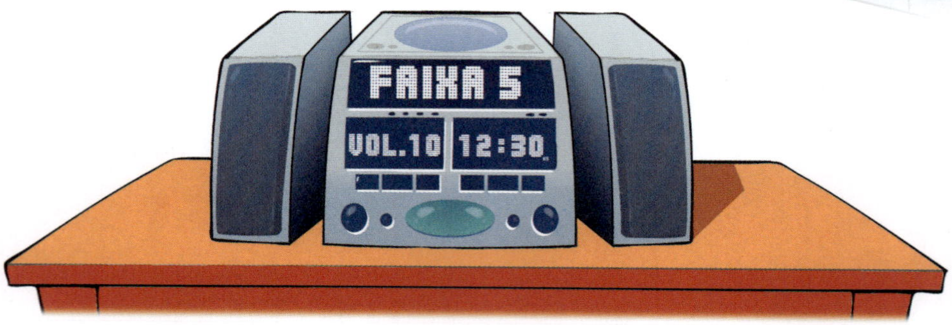

Conversar para aprender

a) Examine os números da página anterior. Que números indicam medida?

b) Qual indica preço?

c) Para identificar o automóvel, que número foi usado?

d) Por que os carros precisam ter placas com letras e número para identificação?

e) Quantas são as figuras da página anterior?

f) Você respondeu à última pergunta com um número. Esse número indica medida ou quantidade?

1. Copie os números que aparecem nas ilustrações da página anterior.

___

2. Um chocolate pode custar 1 real. Um sorvete pode custar 3 reais. Escreva esses preços. Use os símbolos que indicam preços.

___

3. As ilustrações abaixo indicam números ligados a sua vida. Descubra quais são esses números e escreva-os no quadro.

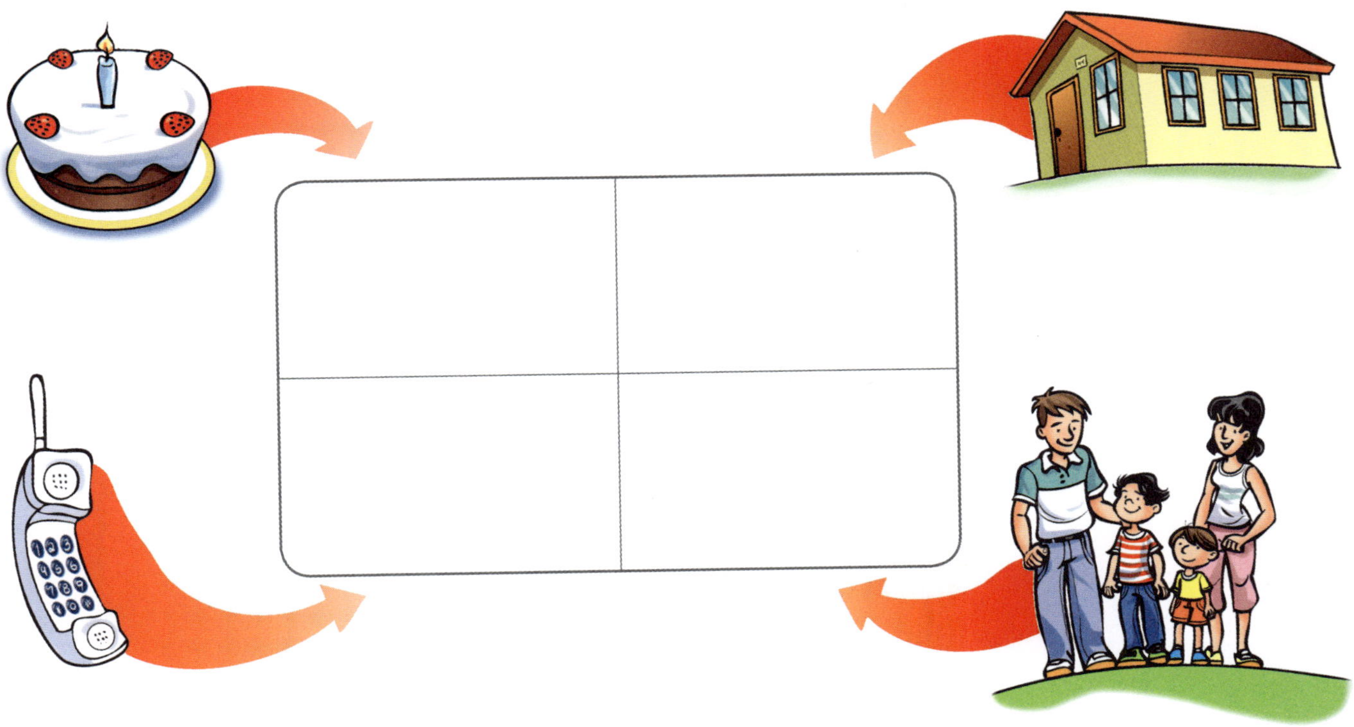

Indicando os números

Quando escrevemos palavras, usamos as letras do alfabeto.

Para escrever números, usamos algarismos. Veja os algarismos:

Cada pessoa tem seu jeito de escrever os algarismos. Existe também um jeito próprio das calculadoras.

1. Pinte os moldes seguintes para aparecerem todos os algarismos no estilo das calculadoras.

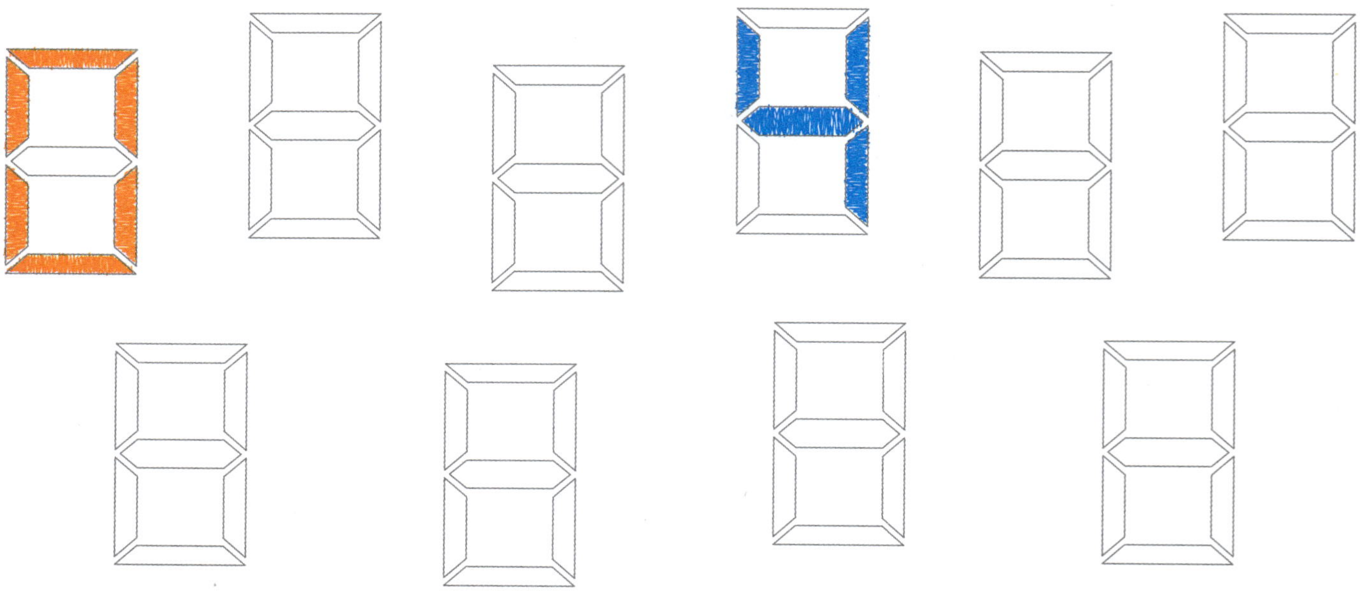

2. Agora, escreva de seu jeito todos os algarismos, de 0 a 9.

____

3. Usando um só algarismo, você escreve os números de 0 a 9. Para continuar, você tem de usar dois algarismos. Complete:

a) dez ____________ **c)** onze ____________ **e)** doze ____________

b) quinze ____________ **d)** dezesseis ____________ **f)** vinte ____________

4. Indique a data de hoje, usando apenas números:

____________ / ____________ / ____________

Quantos são?

1. Para cada cartão, há uma etiqueta que indica o número de objetos desenhados no cartão. Ligue cada cartão à sua etiqueta. Atenção: há etiquetas sobrando!

8

9

3

5

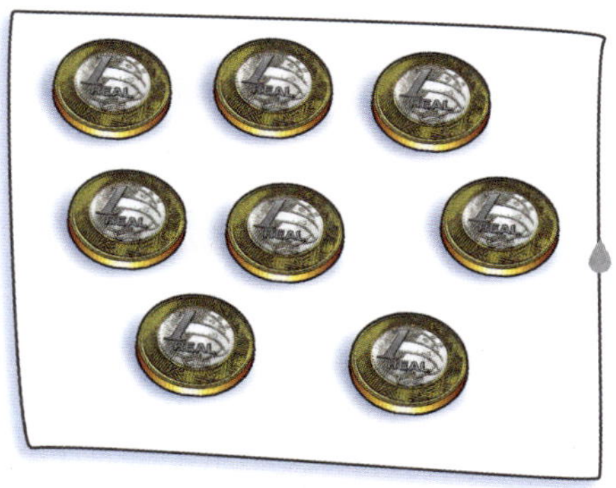

2

4

1

6

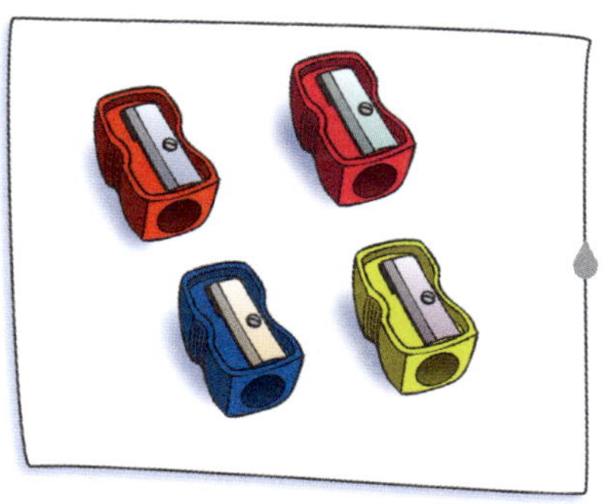

7

2. Veja alguns animais que costumam ser criados em sítios e fazendas.

a) Quais desses animais você reconhece?

b) Quantos têm 4 patas? ______________

c) Quantos têm somente 2 patas? ______________

d) Ao todo, os de 4 e os de 2 patas, quantos animais são? ______________

e) Quantos desses animais têm penas (ou penugem)? ______________

f) Quantos têm pelos? ______________

g) No total, com penas ou pelos, quantos animais são? ______________

3. Observe as pilhas de latas e registre quantas latas há em cada uma.

a)

____

b)

____

- Explique como foi organizada a pilha da direita.

4. Observe as duas pilhas de caixas.

Pilha A

Pilha B

a) Qual dessas pilhas foi organizada do mesmo jeito que a pilha de latas da direita na atividade *3*? __________

b) Quantas caixas há em cada pilha?

Pilha A: __________ Pilha B: __________

5. **Desenhe uma pilha de caixas bem organizada. A pilha deve ter 8 caixas.**

2. Posições e formas

1. No armário da loja, cada objeto tem sua posição.

- Em cima, embaixo ou no meio?
  - **a)** As bolas: ______________________
  - **b)** As caixas com forma de cubo: ______________________
  - **c)** As caixas compridas: ______________________
- Em cima, embaixo ou no meio? À direita, à esquerda ou no centro?
  - **a)** Os baldinhos: ______________________
  - **b)** Os chapéus em forma de cone: ______________________
  - **c)** As máscaras: ______________________
- Quantos objetos há no armário? ____________

2. Complete a tabela pintando as figuras.
Depois, complete com números as duas sentenças.

a) Eu pintei ____________ círculos e ____________ quadrados.

b) Eu pintei ____________ figuras vermelhas e ____________ verdes.

3. Algumas partes da tabela estão escondidas.

- Desenhe o caminhão que está na **linha de baixo** e na **coluna da direita**.

3. Gráficos

Para que servem os gráficos? Para dar informações com rapidez. Mas isso só funciona se a pessoa sabe ler gráficos. Vamos examinar o gráfico que a professora de Catarina fez.

1. Para formar as colunas do gráfico, a professora escreveu no quadro de giz: *zero irmão*, *1 irmão*, *2 irmãos*, e assim por diante. Depois, ela perguntou:

— Catarina, quantos irmãos você tem?

— E você, Marcos, quantos irmãos tem?

Catarina tem 1 irmão. No quadro de giz, a professora desenhou então um retângulo na coluna correspondente a *1 irmão*. Marcos não tem irmãos. A professora desenhou um retângulo na coluna correspondente a *zero irmão*. Depois de perguntar a todos os alunos da turma, a professora acabou de desenhar o gráfico:

- Vamos ler o gráfico.
  - **a)** Quantas crianças não têm irmãos? ____________
  - **b)** Quantas crianças têm 3 irmãos? ____________
  - **c)** Nessa turma, o mais comum é ter 3 irmãos? Explique.
  - **d)** A partir do gráfico, é possível saber quantos alunos essa turma tem. Quantos são? ____________

2. Agora, o gráfico do número de irmãos será feito em sua turma. A professora coloca no quadro de giz o nome dos alunos com *zero irmão*, *1 irmão*, *2 irmãos*, e assim por diante.

Para cada nome, você pinta um quadrinho na coluna adequada.

Zero irmão	1 irmão	2 irmãos	3 irmãos	4 irmãos	5 ou mais irmãos

3. Escreva abaixo quantas crianças de sua turma não têm irmão, quantas têm 1 irmão, quantas têm 2 irmãos, e assim por diante. Para saber as quantidades, olhe o gráfico acima.

Zero irmão	1 irmão	2 irmãos	3 irmãos	4 irmãos	5 ou mais irmãos

4. Em sua classe, o que é mais comum: ter 1, 2, 3 irmãos ou nenhum desses casos?

____

4. Contando erros e acertos

1. Lembrando o circo que conheceu quando criança, com bailarinas, mágicos e palhaços, um desenhista fez esta cena:

- Outro desenhista copiou o desenho, mas cometeu 7 erros. Onde eles estão? Marque-os com **X**.

2. Conte e acerte:

a) Quantas pessoas há no primeiro desenho da página anterior? ____________

b) Quantos elefantes aparecem nesse desenho? ____________

3. É o jogo das argolas. Cada vez que uma argola encaixa em uma garrafa, Carol faz um ponto.

- Quantos pontos ela já fez? ____________

4. Agora, cada acerto vale 2 pontos.

- Quantos pontos ela já fez? ____________

5. Nesse jogo, em que cada acerto vale 2 pontos, Joildo fez 14 pontos! Desenhe as garrafas e as argolas.

6. Quantos livros estão empilhados em cima da mesa? ____________

- A menina levará um livro para ler. Quantos livros sobrarão em cima da mesa? ____________

7. Quantas crianças estão na roda? ____________

- Depois que o menino entrar, quantas crianças ficarão na roda? ____________

8. Quantas crianças você vê na cena? ____________

- Quando as crianças que brincam na areia forem embora, quantas ficarão na cena? ____________

5. Medir e comparar

Você já notou que na escola ou em nossas casas quase todas as portas têm a mesma altura?

Essa altura é um pouquinho maior que 2 metros. Por que foi escolhida essa altura?

Você já viu uma quadra de futebol de salão? As quadras usadas em campeonatos oficiais não podem ter quaisquer medidas.

Ginásio do Maracanãzinho, no município do Rio de Janeiro, no estado do Rio de Janeiro.

Isso não acontece somente nas quadras de futebol de salão. Campos de futebol, quadras de vôlei, piscinas olímpicas e muitos outros espaços esportivos devem ter medidas que são determinadas pelas regras do esporte. Nós também podemos ser medidos. Os médicos medem o peso e a temperatura dos pacientes. Essas medidas dão indicações sobre a saúde das pessoas.

Conversar para aprender

a) Por que as portas têm um pouco mais que 2 metros de altura?

b) Por que o médico deve medir o peso e a temperatura dos pacientes?

c) Por que será que em campeonatos oficiais é importante que as quadras ou campos tenham medidas padronizadas?

d) Você acha importante medir os objetos e saber as medidas de seu corpo?

Vamos medir?

Palmos e passos

1. Jorge, Helena e Zeca mediram o lado mais curto da tampa da carteira. Para medir, eles usaram o comprimento do palmo.

- Agora, é sua vez. Meça e complete:

  a) Com seu palmo, a medida do lado mais curto de sua carteira é ______________________.

  b) Com o palmo da professora, esse lado da carteira mede ______________________.

2. Às vezes, basta olhar para saber qual é o mais *comprido* ou o mais *curto*. Complete:

a) Uma jamanta é mais ______________________ que um automóvel.

b) Um lápis é mais ______________________ que o braço da professora.

3. Outras vezes, é preciso medir para saber qual é o mais comprido. O que é mais comprido: a distância do cotovelo à ponta dos dedos ou a distância do joelho à planta do pé?

- Use seu palmo para medir esses comprimentos em você mesmo e conte o que descobriu.

4. O chão desta sala tem largura e comprimento:

- A professora vai escolher 3 alunos para medir, com passos, a largura e o comprimento da sala de aula. Ela também vai fazer as medições. Todos anotam as medidas na tabela.

Nome da pessoa	Largura da sala	Comprimento da sala

a) Na largura, o maior número de passos obtidos foi ______________.

b) No comprimento, o maior número de passos foi ______________.

c) O menor número de passos no comprimento foi ______________.

5. Veja o que aconteceu em uma sala de aula onde foram feitas medições parecidas com as de sua sala.

- Responda à pergunta da professora.

6. Números ordinais

1. Pais, mães e avós levam as crianças para tomar vacina.

a) A primeira criança dessa fila usa saia vermelha.

Qual é a cor da saia da segunda criança? ____________

b) A criança de bermuda preta é a 4ª ou a 5ª da fila? ____________

c) Se você entrasse agora na fila atrás da menina de óculos, qual seria a sua posição na fila? Seria a 7ª ou a 8ª criança? ____________

2. Na fila do caixa do supermercado há 8 pessoas. Josias é o 3º e Jumara é a 6ª pessoa da fila. Uma moça apressada, que não estava na fila, pede para entrar na frente de Josias e ele concorda.

a) Depois que a moça entra na frente de Josias,

qual passa a ser a posição dele? ____________

b) E qual passa a ser a posição de Jumara? ____________

c) Quando a moça entra na frente de Josias, só ele é prejudicado?

d) Você acha que Josias deveria consultar as demais pessoas da fila antes de concordar com o pedido da moça?

3. As cenas destas duas histórias estão fora de ordem. Numere as cenas de cada história na ordem certa.

4. Você já numerou as cenas? A professora vai convidar alguns alunos para contar suas histórias.

7. Problemas

Na vida, problema pode ser uma chateação. Mas, em Matemática, é outra coisa: problema é um desafio que a gente supera raciocinando. Problema ensina a pensar.

1. Qual das duas serpentes é a mais comprida? Por quê?

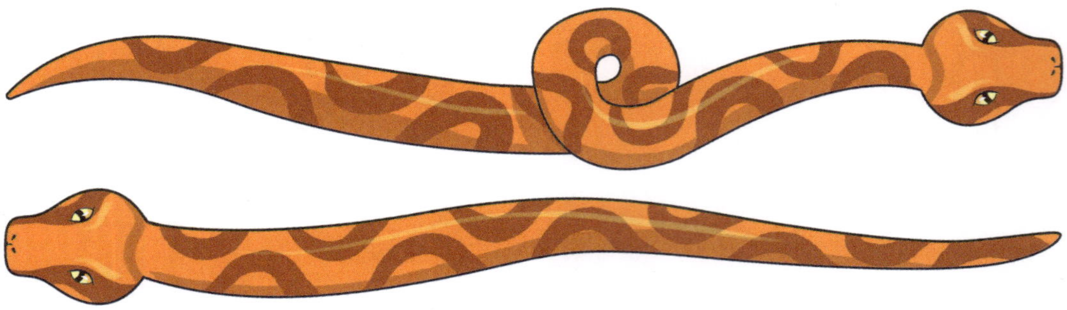

2. A fita foi pintada com um padrão: as cores se repetem. As duas partes extremas ficaram fora da página. Descubra quais são as cores dessas duas partes.

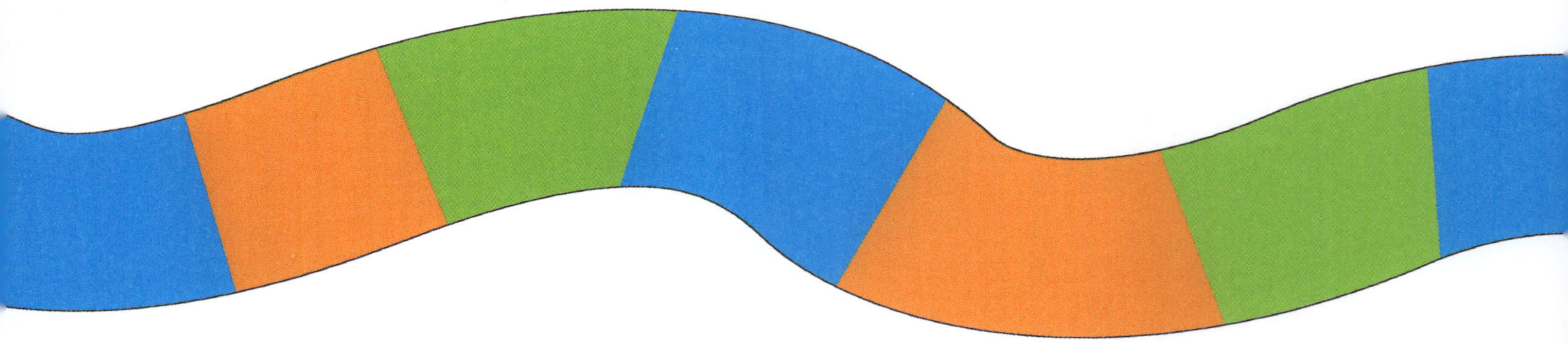

3. Intruso é quem chega sem ser convidado, é aquele que não faz parte da turma. Em cima da mesa há um intruso. Qual é? Por quê?

4. Os produtos de supermercado vêm em caixas, pacotes, embrulhos. Isto é, cada um tem sua embalagem. As embalagens têm formas variadas. Mas nem todas as formas são adequadas para embalagens.

- Qual destas formas não daria uma boa embalagem? Por quê?

5. Rute comprou as bananas que estão em cima da mesa. Elas devem ser colocadas nas cestas, e as duas cestas devem ficar com a mesma quantidade. Desenhe as bananas nas cestas.

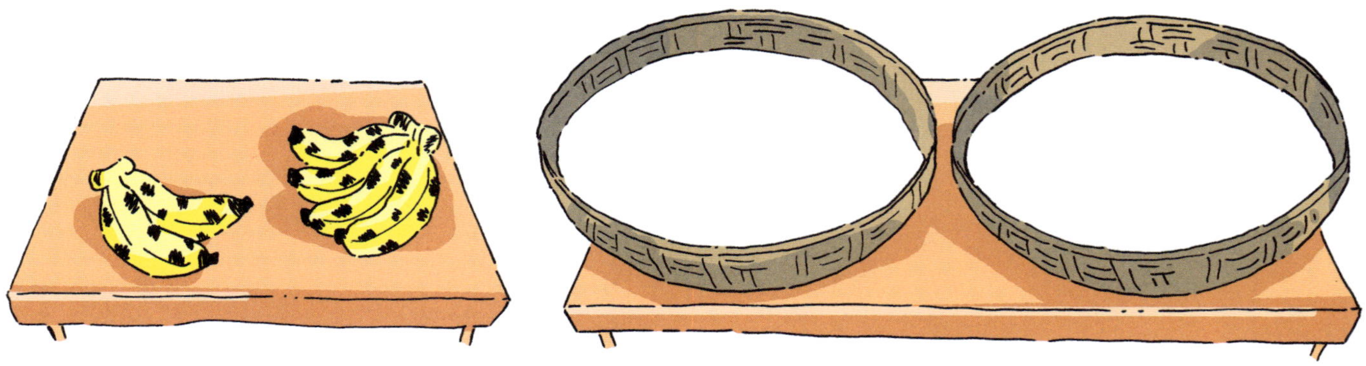

6. O menino vai repartir 1 litro de leite igualmente entre os quatro gatinhos.

- Cada gato vai receber mais ou menos que meio litro? ______________

7. Os alunos entraram na classe...

... e penduraram suas mochilas. Seu desafio é pintar cada mochila com a cor certa!

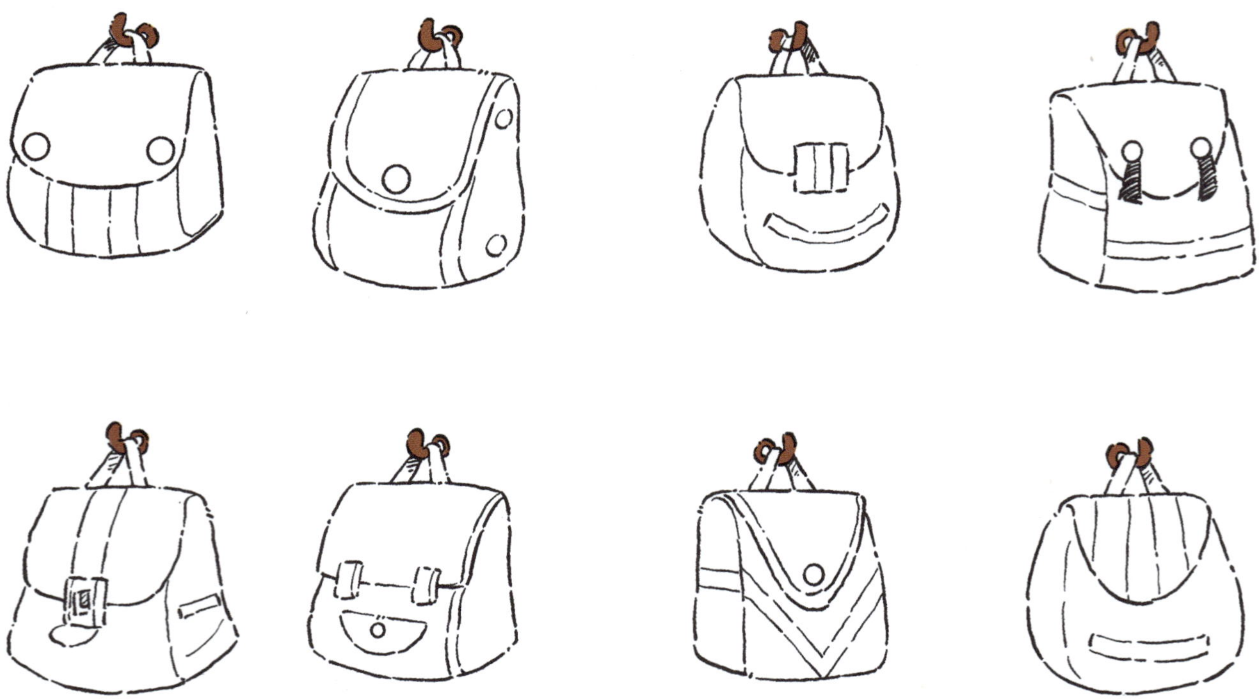

8. Quatro formas famosas

1. Observe as formas geométricas.

- Agora, cerque com uma linha os quadrados, com outra os círculos e, com uma terceira, os triângulos.

2. Agora, vão aparecer retângulos. Pinte todos de azul, e as outras formas, de amarelo.

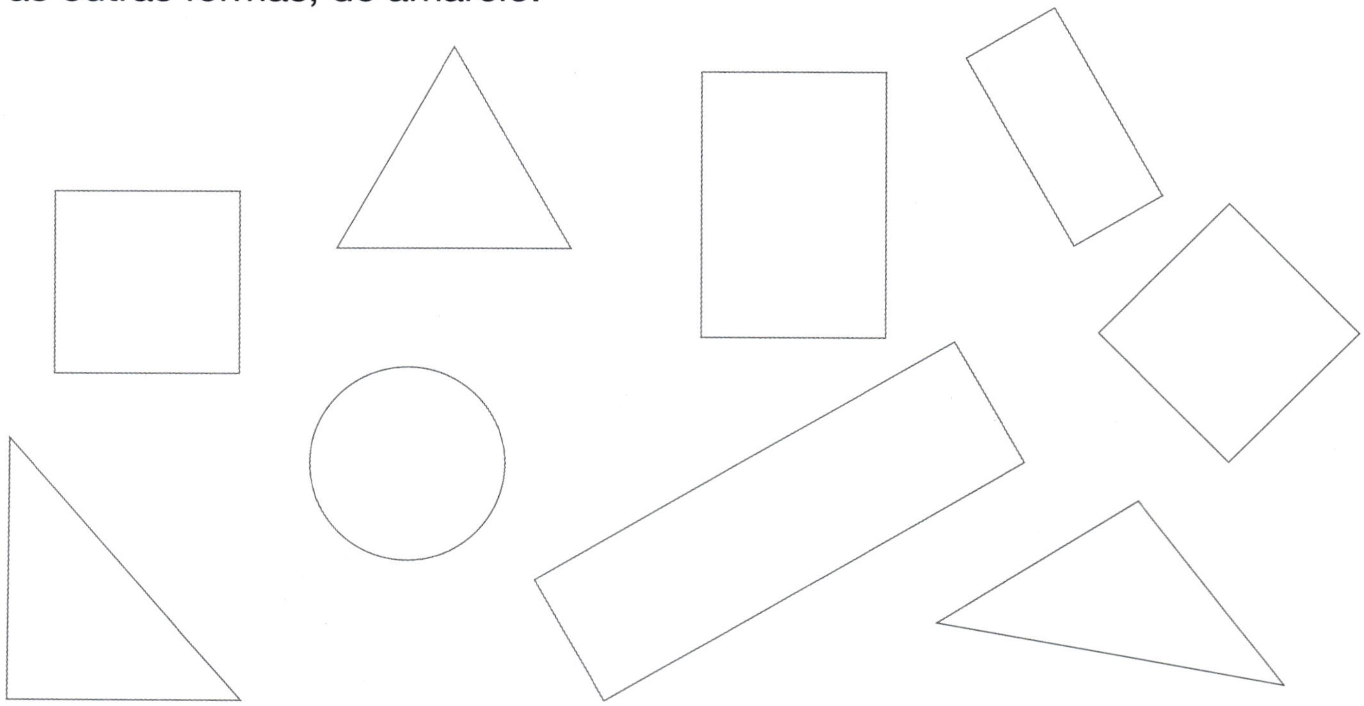

- As quatro formas famosas já apareceram. Como elas se chamam?

____

3. Pinte os triângulos e os círculos do trenzinho.
Atenção: os triângulos estão meio escondidos.
Depois responda às questões.

a) Há mais que 9 círculos? ____________________

b) Há mais que 9 triângulos? ____________________

4. Ligue cada objeto à forma que mais se parece com ele.

Iracema, pintura de José Maria de Medeiros, 1881.

Obra de Monteiro Lobato.

5. Pinte usando só duas cores. Não deixe que os triângulos vizinhos fiquem com a mesma cor.

Vamos explorar?

Organizando formas

1. Destaque as formas geométricas vermelhas da página 3 e as formas amarelas da página 5 que estão nas **Folhas especiais**.

2. Elvira inventou esta sequência:

Ela seguiu um padrão. Por isso, podemos imaginar qual forma virá depois do triângulo vermelho.

- Agora é sua vez. Forme uma sequência usando todas as peças. A professora escolherá alguns alunos para que mostrem o que inventaram.

3. Alessandra separou as peças em dois grupos:

a) Como ela pensou para fazer essa separação?

b) Quantas peças há no grupo menor? E no outro? ______________

c) Quantas peças há ao todo? ______________

4. Separe as peças em dois grupos, assim:

- em um grupo, coloque as peças pequenas;
- no outro, as grandes.

a) Quantas são as peças pequenas? ______________

b) Quantas são as grandes? ______________

c) Quantas peças há ao todo? ______________

5. Fazendo colagem com algumas formas, Zuenir criou esta cena:

- Agora, é você quem inventa.

  Faça uma colagem com suas formas.

9. Repartindo

1. Leia a história e depois pinte as bananas.

João é tratador dos animais do zoológico. Ele quer repartir igualmente 6 bananas entre 2 macacos.

Uma banana para Marrom e outra para Caramelo.

Mais uma banana para cada um.

E, para terminar, mais uma para cada um.

Cada macaco ganhou 3 bananas.

a) Quantas bananas João tinha no início? ____________

b) Quantas bananas cada macaco ganhou? ____________

2. Se quiser, desenhe no caderno antes de responder:

- Se você fosse repartir igualmente 12 cenouras entre 2 coelhos, quantas cenouras cada coelho receberia? ____________

Vamos explorar?

Cuidando dos animais

1. Estes cãezinhos querem comer biscoitos de cachorro.

Faça de conta que grãos de milho são biscoitos.

Separe 15 grãos, isto é, 15 biscoitos de cachorro.
Distribua os biscoitos igualmente entre os 3 cãezinhos, desenhando-os nas vasilhas.

- Complete a tabela:

Biscoitos	
Cãezinhos	
Cada um ficou com	

2. Agora, faça de conta que os grãos de milho são pedacinhos de carne. Separe 12 e distribua-os igualmente entre os cães.

- Complete a tabela:

Pedacinhos de carne	
Cães	
Cada um ficou com	

3. A seguir, imagine que você tem 4 cãezinhos e 20 pedacinhos de carne.
Desenhe esses pedacinhos nas vasilhas.
Lembre-se: cada cãozinho recebe a mesma quantidade.

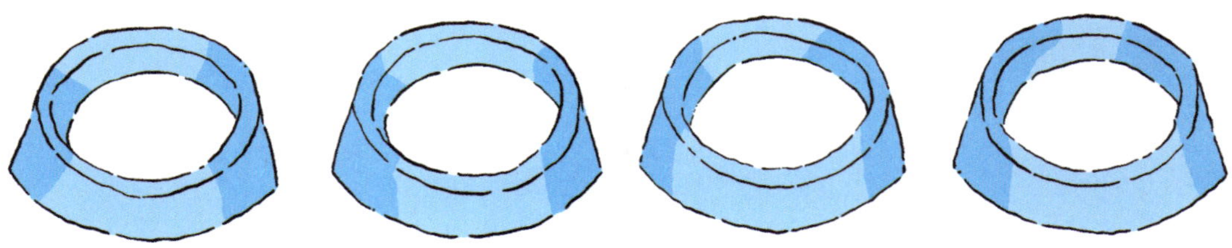

- Quantos pedacinhos de carne cada cãozinho vai receber? ______

10. Contando e comparando

1. Observe as ligações e registre as quantidades sem usar algarismos.

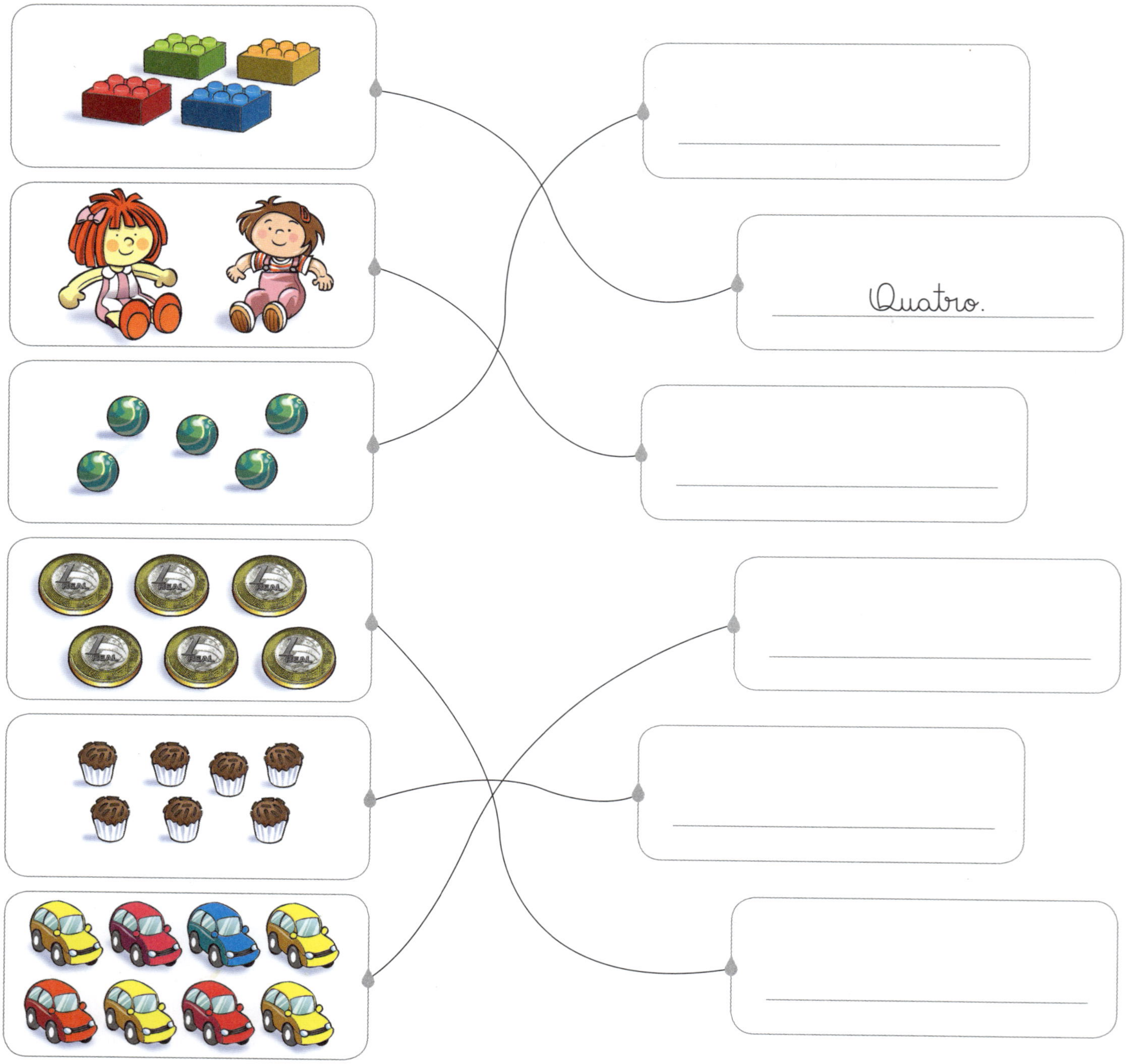

- Complete:

  O maior número que eu registrei foi ____________________,

  e o menor foi ____________________.

2. Quantas são as letras de cada palavra?

a) Escreva seu primeiro nome, colocando cada letra em um quadrinho.

São ______________ letras.

b) Agora, escreva o primeiro nome de sua professora.

São ______________ letras.

c) É claro que o país em que você mora é o Brasil.
Mas em que estado brasileiro você está? Complete:

O nome do estado tem ______________ letras.

d) Você sabe qual é o assunto deste livro?
Observe as letras que já colocamos e complete:

M	A				Á	T			

Esse nome tem ______________ letras.

e) Você sabe quais são três dos assuntos mais importantes que vai aprender neste livro? Já colocamos algumas letras. Complete:

N	Ú	M				S

São ______________ letras.

F	O	R			S

São ______________ letras.

M	E	D	I			S

São ______________ letras.

3. Os pregos e os parafusos estão misturados:

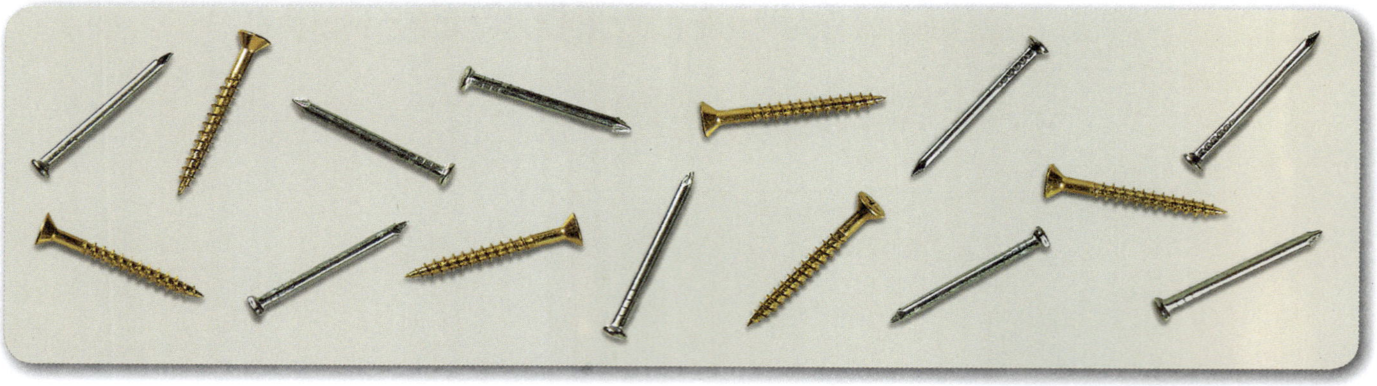

a) Desenhando, coloque cada um na caixa certa.

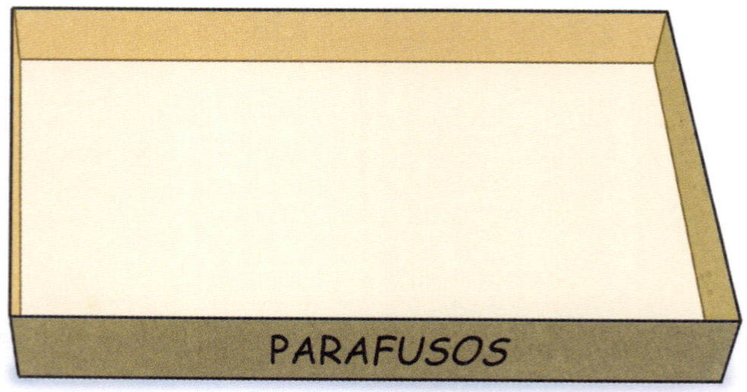

b) Há mais pregos ou mais parafusos? ____________

c) Quantos são os pregos? ________

d) Juntando pregos e parafusos, quantas peças são? ________

4. Em cada caso, qual é o total de palitos das duas mãos?

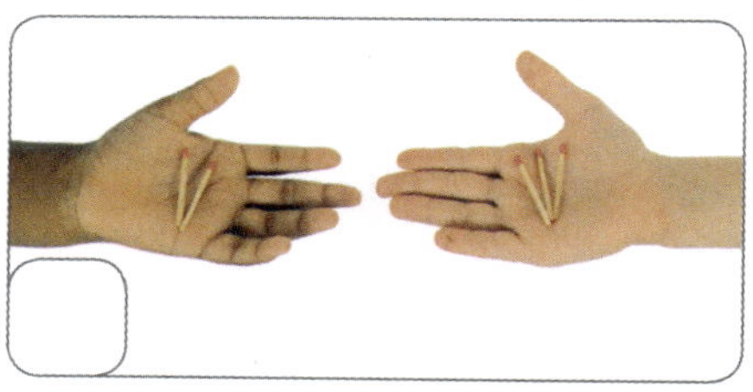

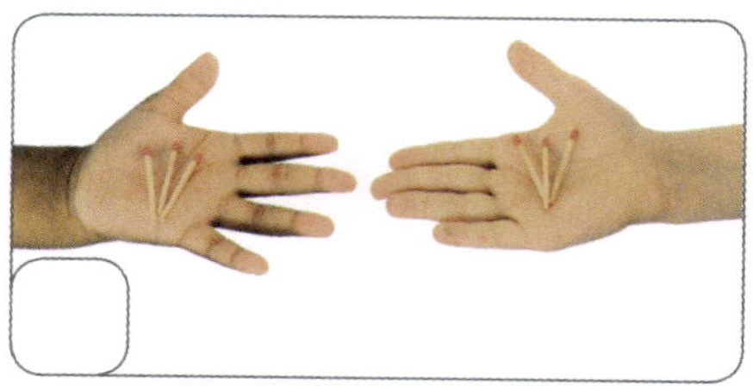

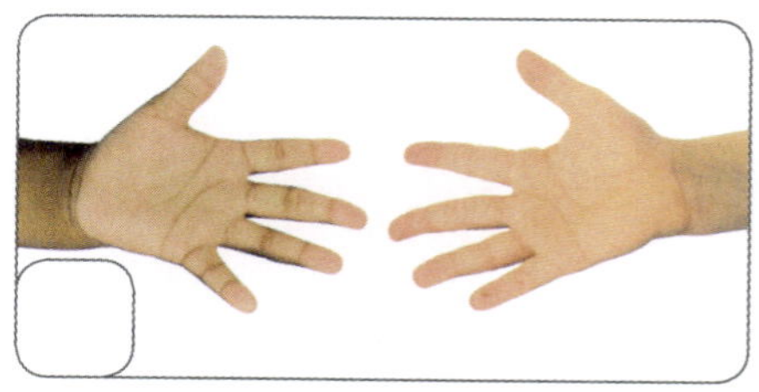

5. Observe a foto.

a) Quantos são os pés?

____

b) E quantas são as pessoas?

____

11. Pensando e resolvendo

1. Veja as crianças e suas idades:

Beto	Camila	Flávia	Pedro

6 anos	8 anos	7 anos	5 anos

a) Qual das crianças nasceu primeiro? ____________________

b) Qual foi a segunda a nascer? E a terceira? ____________________

c) Qual é a criança mais velha? E a mais nova? ____________________

2. Observe as pilhas de livros:

a) A 3ª pilha a partir da esquerda tem quantos livros? ____________

b) Qual das pilhas tem mais livros? ____________________

c) Qual tem menos livros? ____________________

d) A pilha que tem menos livros é a mais baixa? ____________________

e) Qual é o total de livros em cima da mesa? ____________

3. Observe a cena:

a) Quantas pessoas da fila estão na frente do garoto de tênis? ______

b) Quantas estão atrás da moça de roupa vermelha? ______

c) Quantas pessoas estão entre a moça de vermelho e o garoto de tênis? ______

d) Imagine que duas pessoas entrem agora nessa fila atrás do garoto de tênis. A última a entrar será a 10ª ou a 11ª pessoa da fila? ______

4. **O desenho da direita foi copiado do desenho da esquerda. Mas há sete erros na cópia. Um erro já está marcado com X. Assinale os outros.**

5. Para contar mais depressa, algumas pessoas contam de **dois em dois**, e não de um em um.
Vamos contar as moedas de 1 real de dois em dois.
Complete:

6. Ao redor do círculo vermelho foram desenhados 4 outros círculos. Ainda podem ser desenhados mais 2 círculos, mantendo o padrão.

- Desenhe os 2 círculos que faltam. Depois, se quiser, pinte seu trabalho. O segredo é contornar uma moeda de 25 centavos como esta:

7. Em uma corrida disputada no Rio de Janeiro, um atleta queniano chegou em 1º lugar, seguido por 3 brasileiros. Depois, chegaram mais 2 quenianos, 1 boliviano e 3 brasileiros, nessa ordem. Desenhe a chegada dos cinco primeiros colocados. Os quenianos usavam camiseta vermelha, os brasileiros não.

12. A sequência numérica

Eram dez irmãos: o 0, o 1, o 2, o 3... Bem, você já os conhece.

Cada um indicava certa quantidade. A maior era indicada pelo 9.

Mas como fazer com quantidades maiores que 9? Por exemplo, como indicar a quantidade de dedos das duas mãos?

Nesse caso, reúnem-se dois irmãos, o 1 e o 0, formando o 10.

Dez dedos

Se você tem 10 balas e ganha mais uma, a quantidade aumenta 1.

Como indicar essa nova quantidade?

Nesse caso, o 1 se reúne com si mesmo e forma o 11. E depois o 1 se reúne com o 2, o 3, o 4, nessa ordem.

Você consegue imaginar até onde vão esses pares começados por 1? Onde será que essa história vai terminar?

Quando o 1 faz par consigo mesmo e com cada um de seus irmãos, a história parece que termina em 19.

Mas não é assim não. A história pode continuar!

É só começar pelo 2. Isto é, o 2 fazendo par com cada um de seus irmãos. E fazendo par com ele mesmo também!

Você viu os pares de irmãos começados pelo 2?

Pois é, a história nunca termina... Ou sempre recomeça... Porque, depois de começar pelo 2, passamos a indicar os números começando pelo...

- Se souber, responda:

a) Nessa história, para indicar a quantidade de dedos das duas mãos, o 1 formou par com o 0. Qual é o par formado quando queremos indicar a quantidade total de dedos das mãos e dos pés?

____

b) Escreva com palavras o número seguinte a esse.

____

c) Depois, reunindo o 2 e o 3, qual é o nome do número formado?

____

d) E que número vem depois do 29? E depois desse?

____

e) Imagine que o 3 se reuniu com seu irmão 5. Desenhe o par que se formou e indique o número com palavras.

____

Vamos jogar?

Corrida de obstáculos

- Forme dupla com um colega. Pegue o tabuleiro do jogo e dois marcadores diferentes (um para cada colega).
- A dupla prepara dez papeizinhos com os números 1, 2, 3... até 10.
- Cada jogador coloca seu marcador na casa zero.
- Na sua vez, cada um sorteia um papelzinho e avança com seu marcador o número de casas indicado.
- Atenção: nas casas vermelhas, o jogador avança ou volta, de acordo com a cor da bandeira.
- O jogo termina quando um jogador passa pela casa 48 ou quando terminam os papeizinhos. Quem está na frente vence.

Refletindo sobre o jogo

1. Você gostou de jogar? Por quê?
2. Na primeira jogada, quem vai mais longe: quem sorteia 3 ou quem sorteia 5? Por quê?
3. Nesta trilha, quais números vêm depois do 38 e antes do 44?
4. Quem está na casa 18 e sorteia 6, em que casa vai parar?
5. Quem está na casa 12 e sorteia 10, onde vai parar?
6. Mirtes estava na casa 12 e sorteou 5. Para que casa ela foi?
7. Conte algumas coisas que você aprendeu nesta *Corrida de obstáculos*.

Vamos jogar?

Prox: O jogo da proximidade

- Destaque as cartas das páginas 7 e 9 das **Folhas especiais**.
- Sua professora vai orientar sobre a formação de duplas.
- A dupla da qual você fizer parte disputará o jogo com outra dupla.
- As cartas da dupla são juntadas e embaralhadas.
- Elas devem formar um monte, com os números voltados para baixo.
- Em cada rodada, a professora escreve um número no quadro de giz.

- Quando a professora diz “Já!”, cada dupla retira duas cartas do monte e, com elas, forma um número de dois algarismos.
- Ganha a rodada a dupla que forma o número mais próximo daquele escrito pela professora.
- A dupla que ganha mais rodadas vence o jogo.

Refletindo sobre o jogo

1. As crianças estão jogando *Prox*. Cada dupla formou seu número.

- Qual foi a dupla vencedora? ______________________

2. **Em outra rodada do jogo, a professora escreveu no quadro de giz o número 38.**

Veja o número formado pela dupla da esquerda:	Veja o número formado pela dupla da direita:
2 4	4 6.

a) Qual desses números é o mais próximo do número escrito pela professora? __________

b) Qual foi a dupla vencedora? ______________________

c) Você acha que a dupla da esquerda fez uma boa escolha? Explique sua resposta.

____

____

13. Padrões geométricos

1. Olhe bem o desenho da sala. Observe a faixa decorativa sobre a janela. Veja também o mosaico de ladrilhos do piso.

a) Agora pinte usando o mesmo padrão do piso da sala.

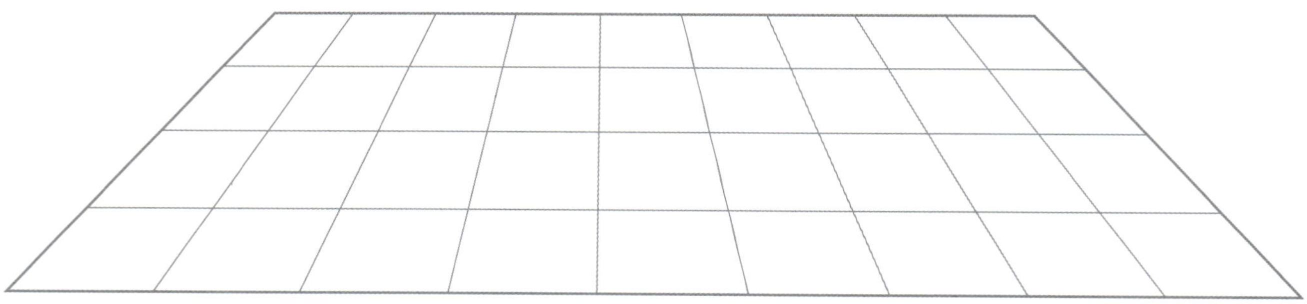

b) Pinte usando algum padrão, como acontece na faixa decorativa sobre a janela.

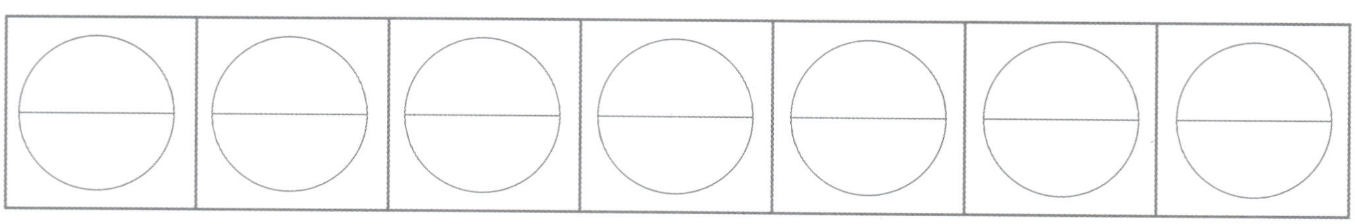

2. Nas duas faixas e no mosaico, quem colocou os ladrilhos se enganou e quebrou o padrão. Onde foi quebrado o padrão? Converse com a professora e os colegas.

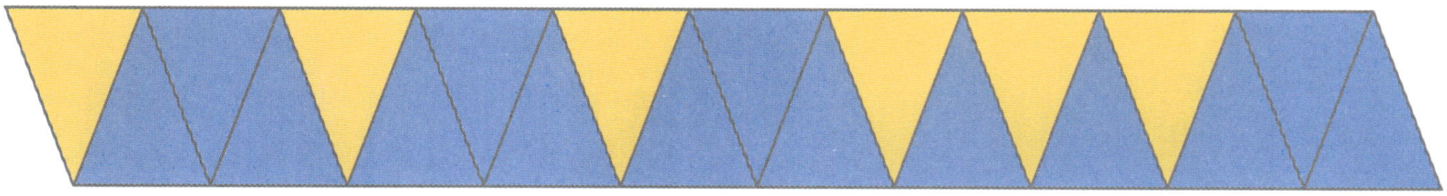

3. Descubra qual é o padrão de cada faixa e continue pintando.

14. O Jogo dos palitos e o zero

Alguém de valor

Zero!
Pra que te quero?

Sem você não consigo
contar os elefantes
que carrego aqui na mão.

Sem você, meu amigo,
aquele jogo dos palitos
não ia dar certo, não.

Pois é, zero,
como podem dizer
que você não vale nada?

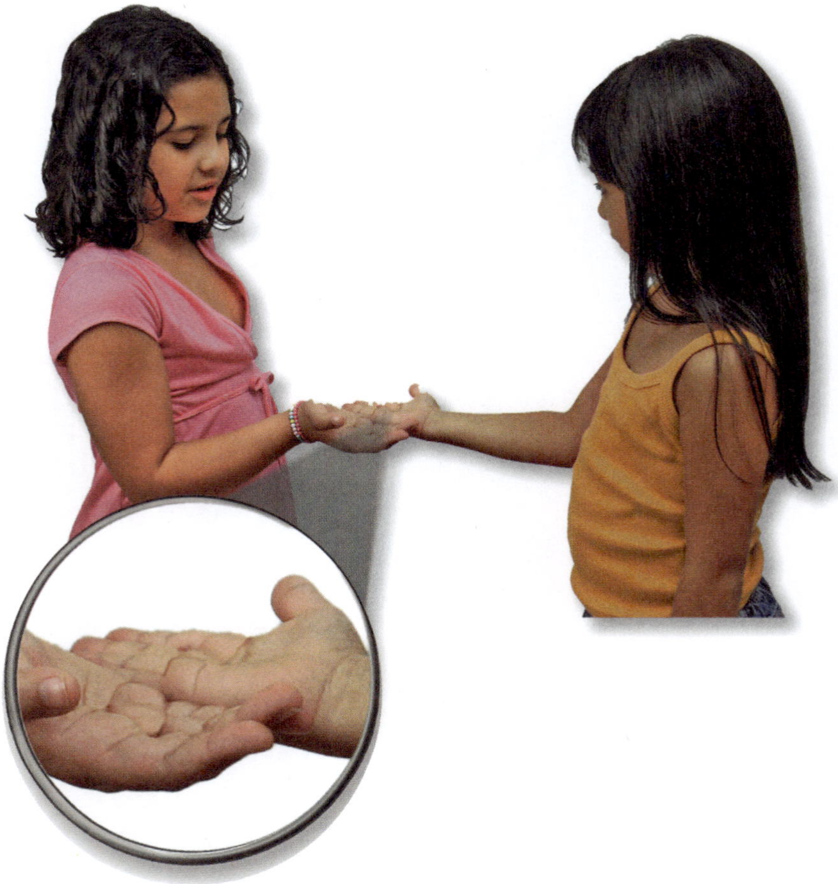

Conversar para aprender

a) Quantos elefantes você tem na mão?

b) Você sabe explicar como é o *Jogo dos palitos*?

c) Um jogo de futebol pode terminar zero a zero? E um de vôlei?

d) Forme uma sentença com a palavra **zero**.

e) Escrevo o número 2. Depois, escrevo o zero à sua direita. Já tenho outro número. Que número é? Ele é maior que 2?

f) Escrevo novamente o número 2. Depois, escrevo dois zeros à direita. Agora, que número é?

Vamos jogar?

Jogo dos palitos

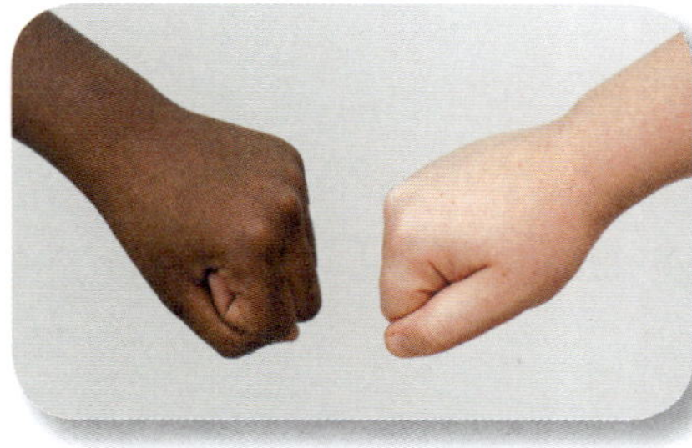

- Paulo e Flávia estão disputando o *Jogo dos palitos*. Cada jogador esconde na mão fechada 1, 2 ou 3 palitos; pode também não haver palito algum na mão.

- Cada um tenta adivinhar o total de palitos das duas mãos.

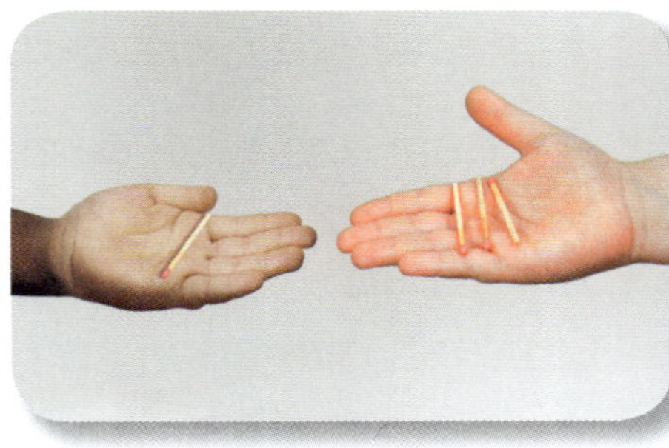

- Depois, é só abrir as mãos e conferir. Veja nas fotos que, dessa vez, ninguém acertou!

Veja uma rodada em que Flávia acertou:

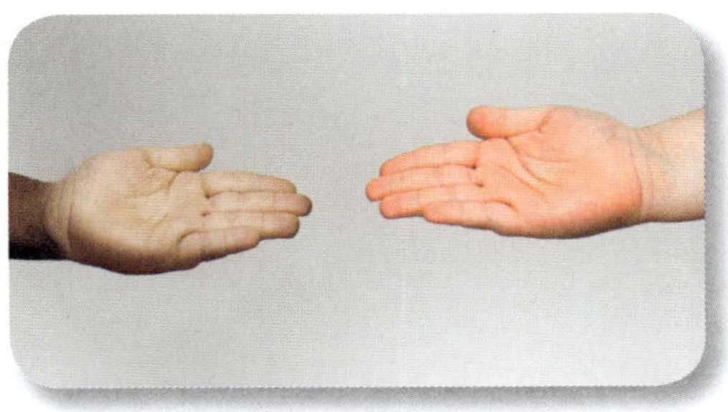

Quando um jogador acerta, ele joga fora um de seus palitos. Quando ele acerta pela terceira vez e joga fora seu último palito, ele vence o jogo.

- Agora que aprendeu, forme dupla e jogue palitos com um colega.

15. Diferença

1. Você conhece a Lola e a Zazá, personagens do programa de TV *Cocoricó*? Há várias diferenças entre elas. Cite uma dessas diferenças.

Zazá

Lola

2. Em Matemática, falamos de diferenças entre quantidades. Qual é a diferença entre a quantidade de livros da prateleira de cima e a da prateleira do meio?

A diferença é de ____________ livros.

3. Na loja *Brinquedos Maravilha*, um brinquedo custa 8 reais. Na loja *Criança Feliz*, o mesmo brinquedo custa 12 reais!

   a) Em qual das lojas o brinquedo é mais barato?

   ____

   b) Qual é a diferença entre os preços? ____________________

   c) Quem compra o brinquedo na loja *Brinquedos Maravilha* gasta quantos reais a menos? ____________________

4. Observe os dados:

   a) Quem jogou os dados vermelhos fez quantos pontos no total? ____________

   b) E quem jogou os dados azuis, quantos pontos fez no total? ____________

   c) Qual é a diferença entre os pontos desses jogadores? ____________

5. O prédio azul tem 9 andares a mais que o amarelo.

a) Quantos andares o prédio laranja tem a mais que o amarelo? ____________

b) Quantos andares o prédio laranja tem a menos que o azul? ____________

6. Observe e responda:

Quantas flores o rapaz tem a mais que a moça? ____________

Quantos pinos o palhaço tem a mais que a bailarina? ____________

7. São três irmãs: uma tem 18 anos, outra tem 21 e a mais velha tem 24. Sabendo disso, complete:

a) A diferença de idade entre a irmã mais velha e a do meio é de ____________ anos.

b) A diferença entre a irmã do meio e a mais nova é de ____________ anos.

c) A irmã mais velha tem ____________ anos a mais que a mais nova.

d) A irmã do meio tem ____________ anos a menos que a mais velha.

16. Vista superior

Vamos desenhar?

Olhando de cima

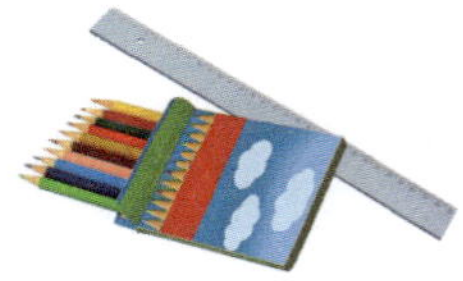

1. Observe:

Quando Martinha olha a caixa bem de cima...

... ela vê apenas um retângulo. É a vista superior da caixa.

- Agora, escolha um objeto, coloque-o no chão e desenhe a vista superior dele em uma folha de papel ou em seu caderno.

2. Veja o que fez Irineu:

Ele pôs no chão uma lata deitada. Olhou-a bem de cima...

... e desenhou sua vista superior.

Depois, ele colocou a lata em pé e olhou-a bem de cima para desenhar sua vista superior.

- Agora, imagine-se no lugar de Irineu e desenhe a vista superior da lata que está em pé.

Representando caminhos

1. Observe bem a cena. A professora vai escolher algumas crianças para contar o que estão vendo.

- Esta sala de aula tem cesto de lixo?
  Você acha importante ter cesto de lixo na sala de aula?

2. Na sala de aula que você viu, a menina de blusa vermelha foi até a mesa da professora. O desenho ao lado mostra o caminho que ela percorreu.

- Neste desenho, marque com **X** a mesa do aluno de camiseta azul.

3. **Agora, você vai representar caminhos.**

a) Represente o caminho que o menino de blusa verde pode percorrer para ir até a porta da sala.

b) Represente o caminho que o menino de blusa azul pode percorrer para ir até o cesto de lixo.

4. **Escolha um caminho em sua sala de aula.**

a) Descreva o caminho escolhido.

____

____

____

____

____

b) Agora, desenhe o caminho.

17. Para medir o tempo

O calendário serve para medir intervalos de tempo. Usando um calendário, você descobre quantos dias, semanas ou meses se passaram a partir de certo momento.

2011

JANEIRO

D	S	T	Q	Q	S	S
						1
2	3	4	5	6	7	8
9	10	11	12	13	14	15
16	17	18	19	20	21	22
23	24	25	26	27	28	29
30	31					

FEVEREIRO

D	S	T	Q	Q	S	S
		1	2	3	4	5
6	7	8	9	10	11	12
13	14	15	16	17	18	19
20	21	22	23	24	25	26
27	28					

MARÇO

D	S	T	Q	Q	S	S
		1	2	3	4	5
6	7	8	9	10	11	12
13	14	15	16	17	18	19
20	21	22	23	24	25	26
27	28	29	30	31		

ABRIL

D	S	T	Q	Q	S	S
					1	2
3	4	5	6	7	8	9
10	11	12	13	14	15	16
17	18	19	20	21	22	23
24	25	26	27	28	29	30

MAIO

D	S	T	Q	Q	S	S
1	2	3	4	5	6	7
8	9	10	11	12	13	14
15	16	17	18	19	20	21
22	23	24	25	26	27	28
29	30	31				

JUNHO

D	S	T	Q	Q	S	S
			1	2	3	4
5	6	7	8	9	10	11
12	13	14	15	16	17	18
19	20	21	22	23	24	25
26	27	28	29	30		

JULHO

D	S	T	Q	Q	S	S
					1	2
3	4	5	6	7	8	9
10	11	12	13	14	15	16
17	18	19	20	21	22	23
24	25	26	27	28	29	30
31						

AGOSTO

D	S	T	Q	Q	S	S
	1	2	3	4	5	6
7	8	9	10	11	12	13
14	15	16	17	18	19	20
21	22	23	24	25	26	27
28	29	30	31			

SETEMBRO

D	S	T	Q	Q	S	S
				1	2	3
4	5	6	7	8	9	10
11	12	13	14	15	16	17
18	19	20	21	22	23	24
25	26	27	28	29	30	

OUTUBRO

D	S	T	Q	Q	S	S
						1
2	3	4	5	6	7	8
9	10	11	12	13	14	15
16	17	18	19	20	21	22
23	24	25	26	27	28	29
30	31					

NOVEMBRO

D	S	T	Q	Q	S	S
		1	2	3	4	5
6	7	8	9	10	11	12
13	14	15	16	17	18	19
20	21	22	23	24	25	26
27	28	29	30			

DEZEMBRO

D	S	T	Q	Q	S	S
				1	2	3
4	5	6	7	8	9	10
11	12	13	14	15	16	17
18	19	20	21	22	23	24
25	26	27	28	29	30	31

Conversar para aprender

a) No calendário, observe o mês de janeiro. Quantos dias tem esse mês?

b) O ano começa em janeiro e termina em dezembro. Dezembro é o 12º mês do ano. Agora, adivinhe: quantos meses tem o ano?

c) O mês é um período de tempo. A semana também é. Quantos dias tem a semana?

d) Quais são os nomes dos dias da semana?

e) Quantos dias se passaram desde o início do mês até hoje?

f) Quantas horas tem o dia?

1. Consulte o calendário de 2011 na página anterior e responda.

a) Qual é o mês que tem menos dias? ____________________

b) Quais são os meses que têm exatamente 30 dias?

____

c) O primeiro dia de janeiro de 2011 será um sábado.
E 1º de fevereiro, em que dia da semana cairá? ____________________

d) Observe que os domingos estão assinalados em vermelho.
Mas há dias marcados em vermelho que não são domingos.
Você sabe que dias são esses?

____

e) O primeiro dia de maio é um feriado importante.

Você sabe a quem é dedicado esse dia? ____________________

f) Em todo ano, há dois meses seguidos com 31 dias cada um.

Quais são? ____________________

g) O primeiro dia de 2012 será 5ª feira? ____________________

2. Faça o calendário do mês em que estamos. Primeiro, você precisa saber em que dia da semana esse mês começou. Para isso, pode contar com a ajuda de sua professora.

Mês de ____________________ **do ano de** __________

Domingo	Segunda-feira	Terça-feira	Quarta-feira	Quinta-feira	Sexta-feira	Sábado

Que horas são?

1. Leia o poema:

Então vamos aprender
a dizer que horas são!
E o ponteiro que falta?
Ele não faz falta, não!

Quando o ponteiro pequeno
para um número aponta,
ele indica a hora exata
Não precisa fazer conta!

Nílson José Machado. *Contando com o relógio*. São Paulo: Scipione, 2003. Histórias de contar.

- O autor do poema afirma que podemos dizer as horas olhando só o ponteiro pequeno. Então, que horas são no relógio aí de cima?

2. Observe os relógios e escreva a hora que cada um marca.

5 horas.

3. Desenhe os ponteiros dos relógios. Não se esqueça do ponteiro grande. Se o relógio marca a hora exata, ele aponta para o 12.

6 horas

11 horas

9 horas

4. Complete, informando a que horas você...

a) acorda: ______

b) vai dormir: ______

c) almoça: ______

d) vai à escola: ______

e) janta: ______

f) vê televisão: ______

5. Observe:

Esse relógio tem um ponteiro só? Não! Ele marca exatamente 12 horas.

- É meio-dia ou meia-noite? ______

6. Complete, informando se, em geral, demora mais ou menos que uma hora.

a) O tempo que levamos para tomar banho: ______

b) O tempo que passamos na escola: ______

c) O tempo que passamos no recreio: ______

7. Marinho chegou à escola às 7 e meia da manhã e foi embora 5 horas depois. Pense e responda:

a) Ele foi embora antes ou depois do meio-dia? ______

b) A que horas ele foi embora? ______

8. Escreva uma sentença em que apareça algum horário: sete horas ou dez e meia, por exemplo.

______

______

______

Veja se já sabe

1. Observe o gráfico ao lado.

Ele mostra quantos meninos e meninas há no 3º ano de uma escola.
Cada retângulo representa uma criança.

- Quantas são as meninas?

____

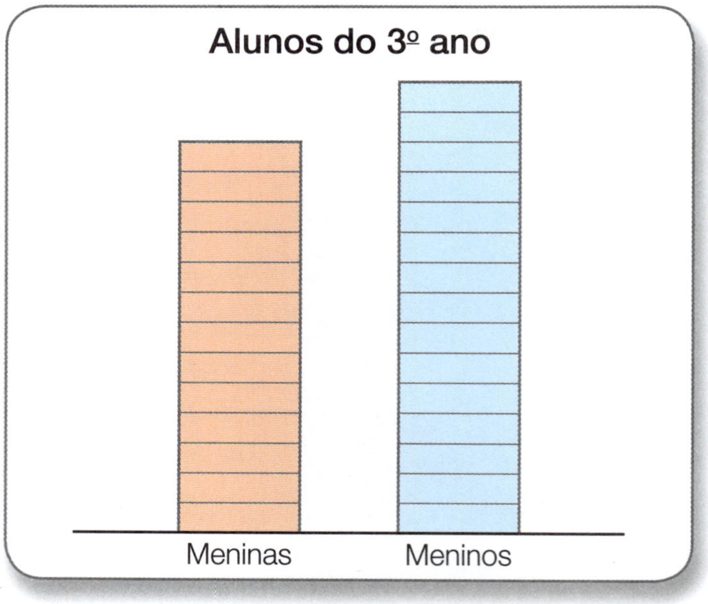

2. **Neste livro, já apareceu a sequência crescente dos números:**
0, 1, 2, 3, 4, 5, 6, 7, 8, 9, 10, 11, 12, 13, 14, 15, e assim por diante.
Esses números vão aumentando. Eles indicam quantidades cada vez maiores.

a) Escreva os quatro números que vêm logo depois de 15:

________, ________, ________, ________.

b) Observe as caixas de lápis de cor.

Qual das duas tem mais lápis de cor?

____

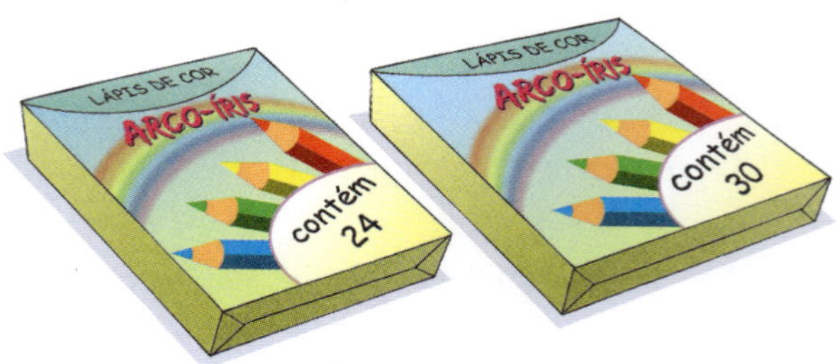

c) A caixa que contém 30 lápis custa R$ 6,00.
Qual pode ser o preço da outra?

____

d) Nos números seguintes, circule os maiores que 35:

28 34 38 26 19 41 37 72

18. Dados e Matemática

Os dados têm forma de cubo e são usados em vários jogos. Vamos montar um dado?

Vamos construir?

Montando o dado

Destaque a planificação do dado que está na página 11 das **Folhas especiais**. Dobre e cole para montar o dado.

1

2

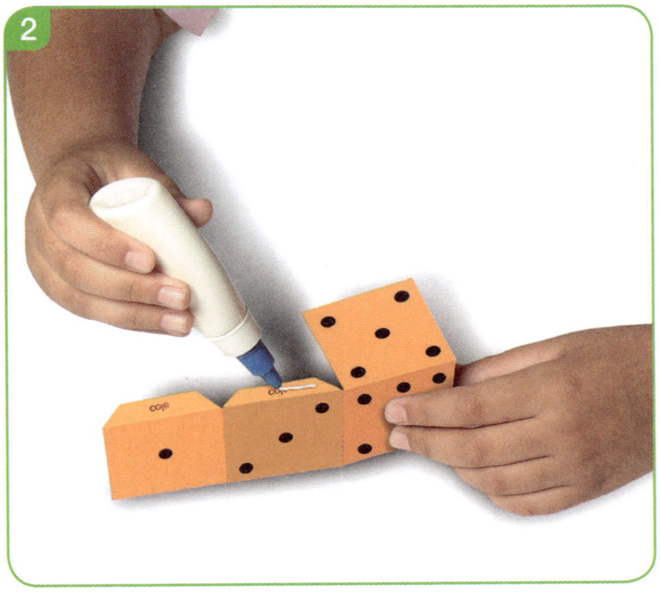

3

4

Problemas sobre o dado

1. O dado tem seis faces. Em cada uma está marcada uma quantidade de pontos. Observe o dado que você montou e complete os pontos, em ordem crescente.

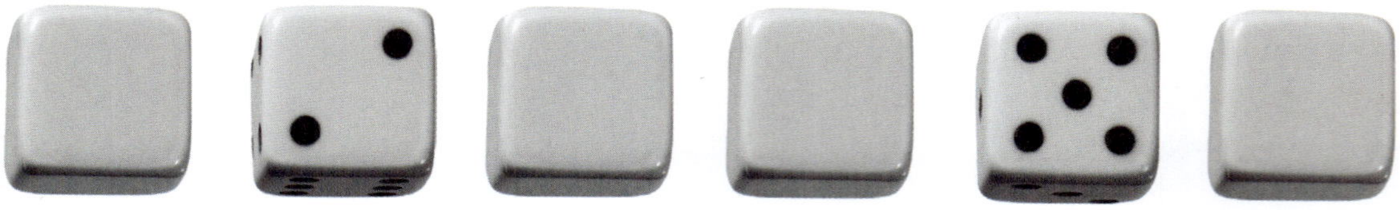

2. Não conseguimos ver todas as faces do dado ao mesmo tempo.

Por exemplo: na foto ao lado, vemos as faces ,  e , mas não vemos as faces ,  e .

- Agora é com você:

a) Segure o dado que você montou de modo que veja, de uma só vez, as faces ,  e .

b) Agora um desafio! Na posição do item anterior, o total de pontos das faces que você está vendo é 10, certo? Então, encontre uma posição para o dado na qual o total de pontos das faces seja igual a 15. Depois, tente encontrar uma posição para a qual o total de pontos das faces seja igual a 16. Faça desenhos para responder.

c) Qual é a soma mínima de pontos que podem ser vistos de uma só vez? E a máxima?

d) Tente segurar o dado de modo que você veja, de uma só vez, as faces ,  e .

3. Coloque seu dado em cima da carteira, exatamente na posição mostrada em cada figura. Depois, observando seu dado, desenhe os pontos da face que está em branco.

4. Coloque o dado com a face que marca 5 pontos voltada para cima.

Quantos pontos estão marcados na face de baixo? ______________

5. Observando o dado que você construiu, complete a tabela.

Face de cima	Face de baixo	Total de pontos nas duas faces

Esse dado que você construiu será usado em outras atividades. Guarde-o!

6. Jogando dois dados, podemos fazer 8 pontos de três jeitos diferentes. Um deles está desenhado. Mostre os outros dois.

Refletindo mais

Desafios

A Matemática aparece em todo canto, até nas brincadeiras.

Amarelinha é o nome de uma antiga brincadeira. Conforme a região de nosso país, ela é conhecida como academia, macaca, maré ou outros nomes.

Para começar a brincar, é preciso desenhar no chão as casas de 1 a 10, a TERRA e o CÉU.

1. Fabiana está brincando de amarelinha.
Ela vai pegar a pedra na casa 4.

a) Quantos pulos ela vai dar na ida, da Terra ao Céu? ______________

b) Quantos pulos ela vai dar na volta, do Céu à Terra? ______________

c) Ao todo, quantos pulos ela vai dar na ida e na volta? ______________

2. Agora, imagine que a pedra está na casa 5.

a) Quantos pulos Fabiana vai dar na ida, da Terra ao Céu? ______________

b) Quantos pulos ela vai dar na volta, do Céu à Terra? ______________

c) Ao todo, quantos pulos ela vai dar na ida e na volta? ______________

3. Invente uma questão parecida com as que você respondeu nesta página.

____

____

UNIDADE 2

A forma de objetos, roupas e construções nos atrai. Muitas vezes, isso ocorre porque a forma pode nos trazer conforto ou facilitar o uso de algo. Outras vezes, é uma questão de gosto, de beleza.

Notícias

Antes e depois

A forma das pontes antigas é diferente da forma das pontes atuais. As antigas foram construídas com pedras carregadas por homens e animais. As de hoje são feitas com cabos e vigas de concreto transportados por enormes guindastes.

Ponte de Segovia, construída entre 1582 e 1584 em Madri, Espanha.

Ponte Juscelino Kubitschek localizada em Brasília, Distrito Federal, inaugurada em 2002.

A forma dos sapatos e das roupas muda com o tempo. Em geral, trata-se de uma questão de moda.

Sócrates e Zico durante aquecimento em treino para a Copa do Mundo de Futebol de 1982.

Luís Fabiano e Robinho durante eliminatórias para a Copa do Mundo de 2010.

Panelas têm forma cilíndrica. Nesse caso, não se trata de uma questão de gosto. Tem a ver com o uso. Já imaginou limpar os cantinhos de uma panela que tivesse a forma de cubo?

Primeiros contatos

1. A forma de uma cadeira está relacionada com conforto ou com beleza?
2. A forma de um automóvel é só uma questão de gosto?
3. Nas embalagens de papelão, qual é a forma mais usual?

19. Adição

Juntos podemos mais

Aproveitando o fim de semana prolongado, duas famílias decidiram acampar.

A viagem foi longa. Chegando ao acampamento, precisaram armar logo as barracas, pois o céu anunciava chuva.

Juntando esforços, depressa montaram uma das barracas.

Depois, a outra.

Essas pessoas sabem que juntar esforços beneficia todos.

Conversar para aprender

a) O que é um fim de semana prolongado?

b) Por que as famílias precisavam armar as barracas rapidamente?

c) Você já ouviu falar que *a união faz a força* ou que *juntos somos fortes*? O que isso quer dizer? Que relação tem com a história?

d) Na montagem das barracas, houve colaboração entre dois grupos de pessoas. Dê exemplo de uma situação em que você possa colaborar com outra pessoa.

e) Nessa história, podemos pensar em uma adição. É a adição **três mais cinco é igual a oito**. Em Matemática, essa adição se escreve assim:

$$3 + 5 = 8$$

Agora, invente outra adição.

Registro da adição

1. Veja:

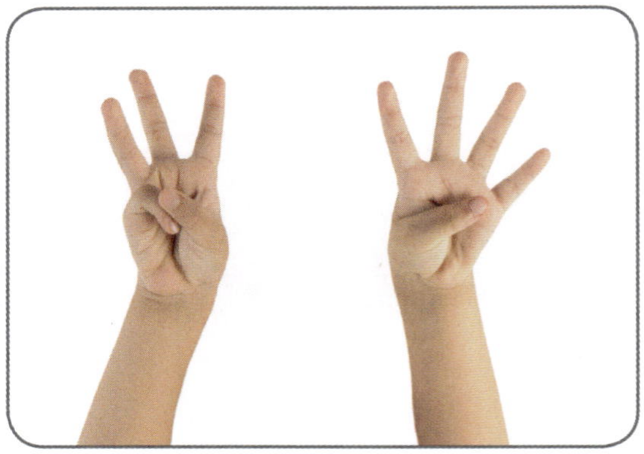

A menina mostra 3 dedos em uma mão e 4 dedos na outra.

Juntando, dá 7. Escrevemos:

3 + 4 = 7

- Agora, observe as imagens e complete a escrita das adições.

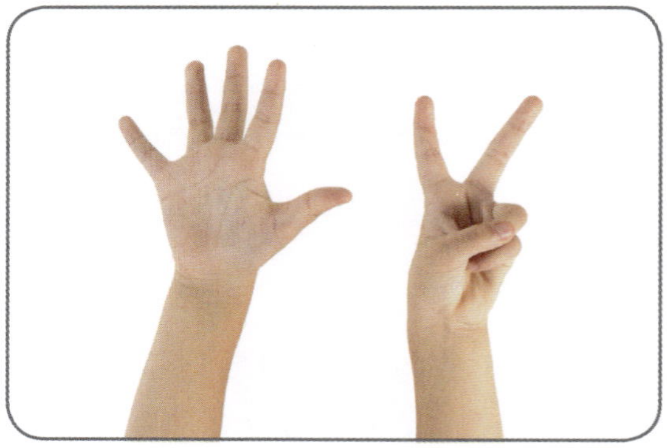

5 + ____ = ____

____ + ____ = ____

2. Observe as cenas e complete as adições.

Há quantos animais?

____ + 3 = ____

Há quantas bolas?

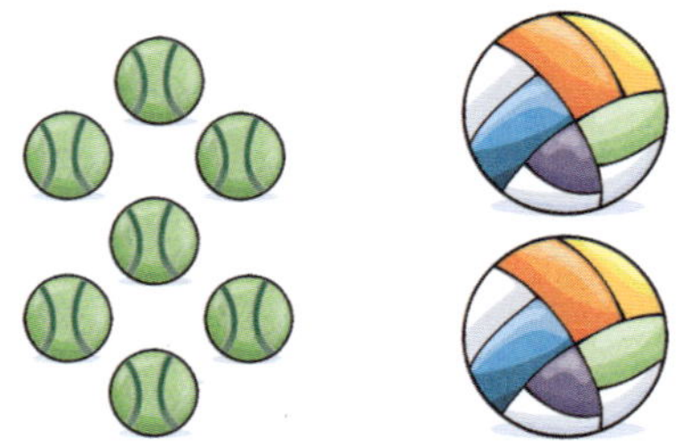

____ + ____ = ____

Quantas são as pessoas?

____ + ____ = ____

Quantas são as borboletas?

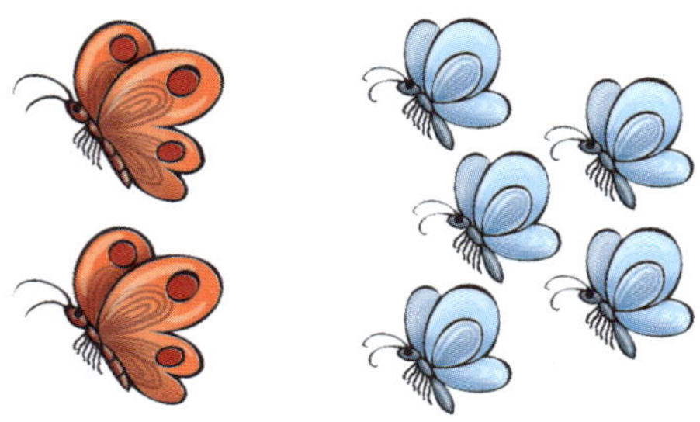

____ + ____ = ____

3. Quantos pontos eu fiz?

____ + ____ = ____

____ + ____ = ____

____ + ____ = ____

____ + 5 = 10

4. Observe a posição dos bailarinos e complete a tabela.

			Total de bailarinos	Adição
	0	4	4	0 + 4 = 4
	1	___	4	1 + ___ = 4
	___	___	___	___ + ___ = ___
	___	___	___	___ + ___ = ___
	___	___	___	___ + ___ = ___

5. Pinte de vermelho as lâmpadas do semáforo seguindo o padrão. Note que o número de lâmpadas acesas (em vermelho) vai diminuindo de 1 em 1. Depois, complete a tabela.

			Total de lâmpadas	Adição
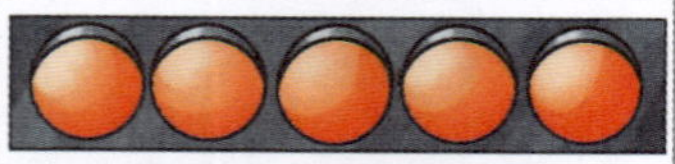	0	5	5	0 + 5 = 5
	___	___	___	1 + 4 = 5
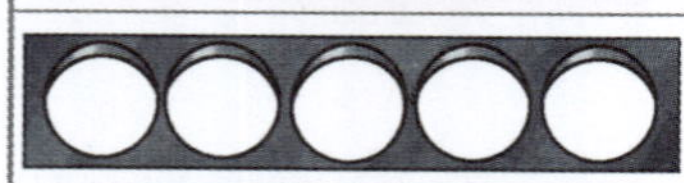	___	___	___	___ + ___ = ___
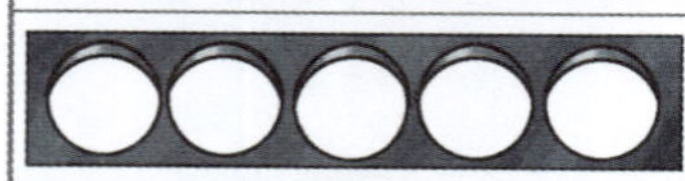	___	___	___	___ + ___ = ___
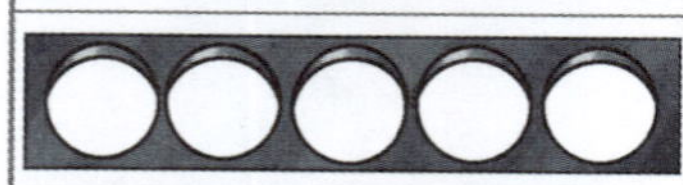	___	___	___	___ + ___ = ___
	___	___	___	___ + ___ = ___

6. Ligue, de dois em dois, os cartões de números com total 8.

7. Complete:

1 + 2 = ____	2 + 4 = ____	1 + 4 = ____	2 + 3 = ____
2 + 1 = ____	4 + 2 = ____	4 + 1 = ____	3 + 2 = ____

8. Continue completando as adições.

3 + 2 = ____	1 + 4 = ____	5 + 2 = ____	5 + 4 = ____
3 + 3 = ____	2 + 4 = ____	4 + 2 = ____	5 + 3 = ____
3 + 4 = ____	3 + 4 = ____	3 + 2 = ____	5 + 2 = ____
3 + 5 = ____	4 + 4 = ____	2 + 2 = ____	5 + 1 = ____
3 + 6 = ____	5 + 4 = ____	1 + 2 = ____	5 + 0 = ____

9. Complete as adições de acordo com as fotos.

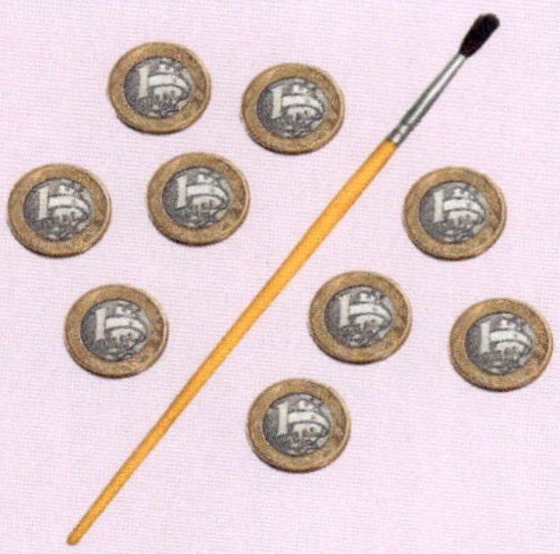

5 + 4 = 9

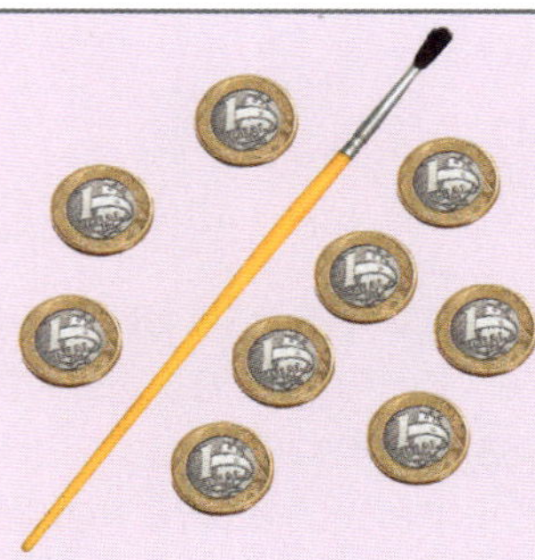

____ + ____ = ____

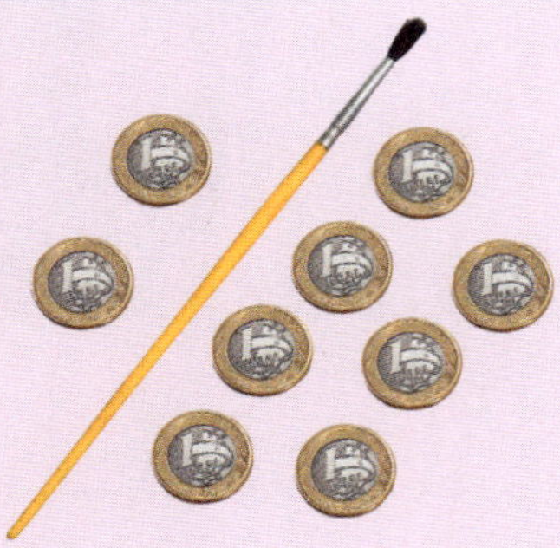

____ + ____ = ____

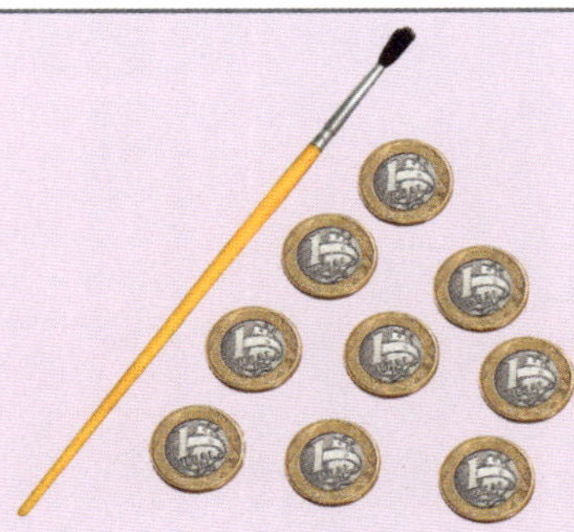

____ + ____ = ____

Quanto Uambi deve comer?

Guilherme ganhou um lindo filhote de *Fila Brasileiro*, que recebeu o nome de Uambi. Ele tem apenas 2 meses e já come ração.

O *Fila Brasileiro* é um cão de grande porte, que exige ração adequada. Na embalagem ao lado, uma tabela indica quantas medidas de ração o animal deve consumir diariamente.

Fila é uma raça de cão brasileiro formada ao longo de centenas de anos. Dessa formação participaram os cães da raça *Mastim*, trazidos pelos colonizadores europeus.

Quantidade de ração (Número de medidas por dia)

Peso do adulto em quilos	Idade em meses: 2	3	4	5
45	6	8	9	10
50	7	9	10	11
55	8	10	11	12
60	9	10	11	13
65	9	11	12	14

O veterinário calcula que Uambi, se bem cuidado, na fase adulta atingirá 60 quilos aproximadamente.

Para você ter uma ideia, compare esse valor com o seu próprio peso!

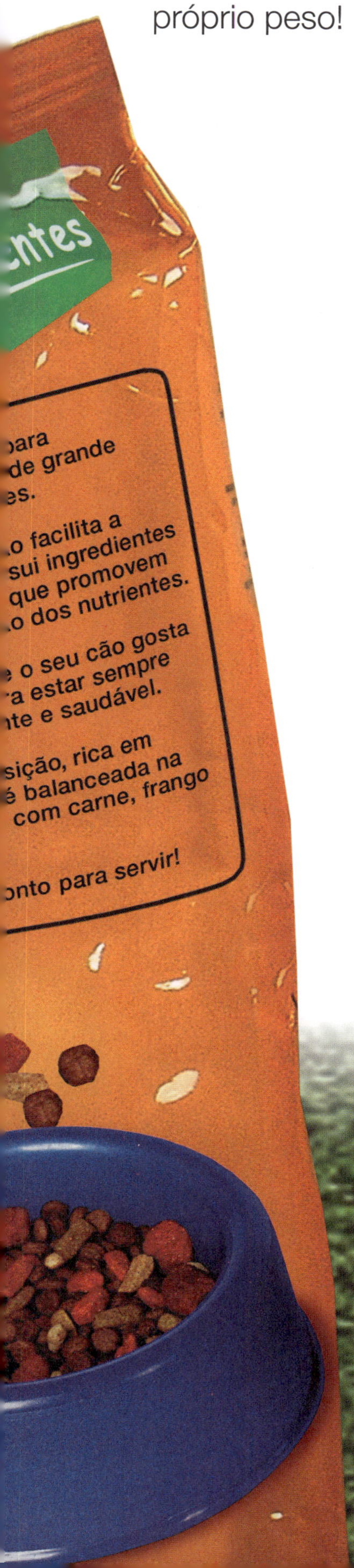

Conversar para aprender

a) Aos 2 meses, quantas medidas de ração Uambi deve receber por dia?

b) O veterinário recomendou 4 refeições diárias. Como você distribuiria essas medidas entre as 4 refeições?

c) Aos 3 meses, quantas medidas de ração Uambi deverá comer por dia?

d) E aos 4 meses?

e) Você conhece outros cães de grande porte?

f) Você tem um cão ou algum outro animal de estimação?

g) Quais cuidados um cão deve receber de seu dono?

h) Alguns cães só podem ser levados para a rua se, além da coleira, usarem uma focinheira. Por que a focinheira é necessária?

Medidas em passos

1. O passo da menina é do tamanho do lado do ladrilho quadrado.

Olhando de cima, a gente vê assim:

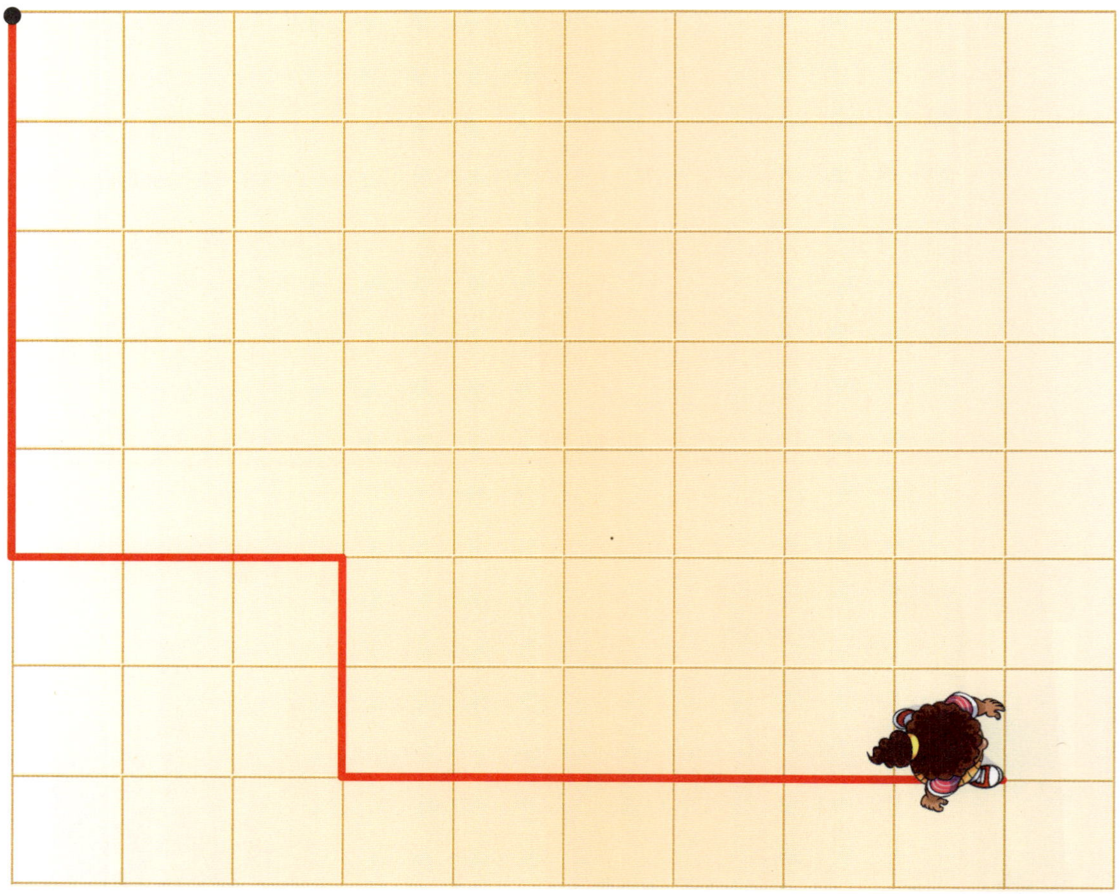

a) O comprimento do caminho vermelho é de quantos passos?

____

b) Desenhe, sobre o piso, um caminho verde cujo comprimento seja de 13 passos.

2. O passo do menino também é do tamanho do lado do ladrilho quadrado. Ele e a menina partiram do mesmo ponto, mas fizeram caminhos diferentes.

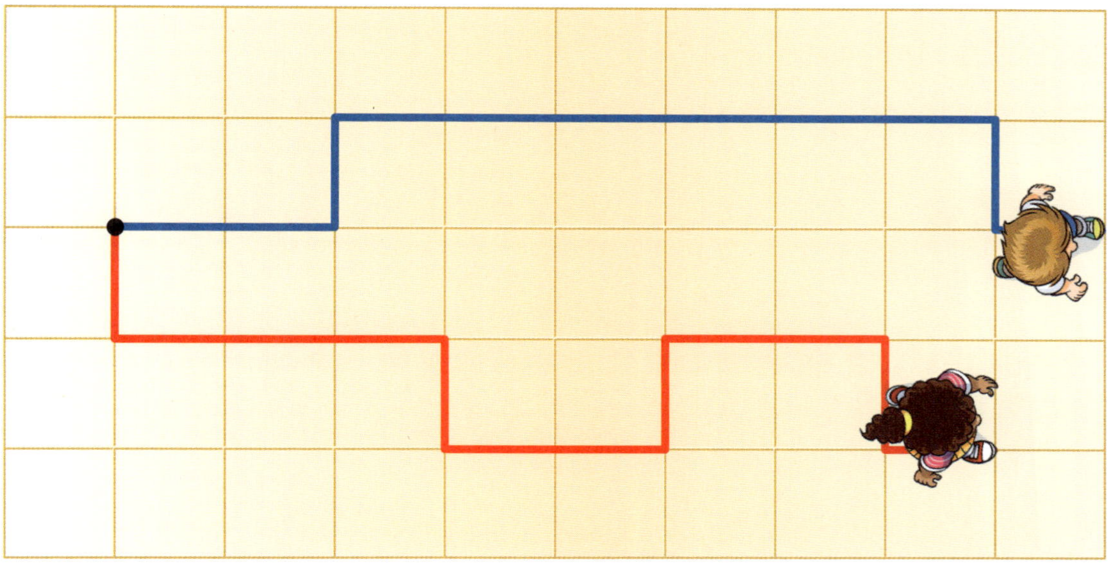

a) Quantos passos tem o caminho da menina? ____________________

b) Quantos passos tem o caminho do menino? ____________________

c) Qual é o caminho mais comprido? Quantos passos a mais ele tem? ____________________

3. O caminho azul obedece a este código:

Código	
←	7
↓	3
→	2
↑	2
→	4
↓	3
←	3

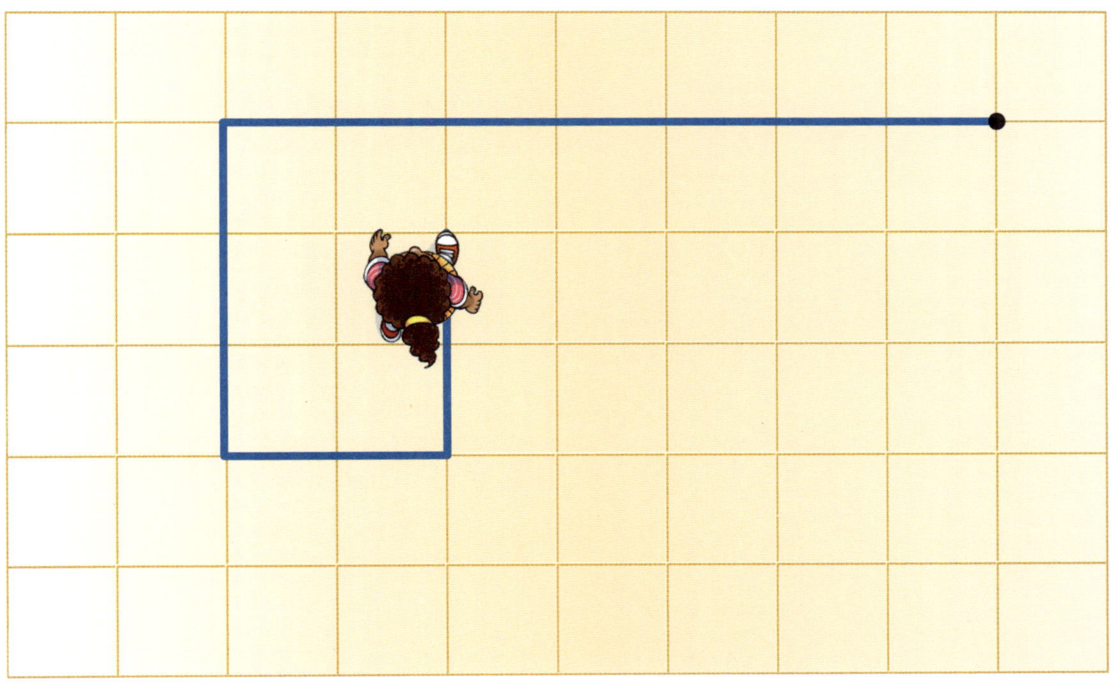

- Complete o desenho do caminho. Ainda faltam três trechos.

21. Boliche e Matemática

Boliche, todo mundo conhece.

E a Matemática do boliche, como será que é?

Vamos jogar?

Boliche

1. **Duas equipes jogam com uma bola e 10 garrafas de plástico. Em cada garrafa é colocada uma etiqueta com seu valor em pontos.**

   Elas devem ser arrumadas assim:

A professora marca a distância da qual a bola será lançada. Cada jogador atira a bola e junta os pontos das garrafas derrubadas. Depois, registra o total de pontos no quadro de giz. Ganha a equipe que faz mais pontos.

2. Observe esta jogada:

- Conte o que aconteceu.

Refletindo sobre o jogo

1. Observe as garrafas derrubadas e complete:

Pontos feitos: ____________

Pontos feitos: ____________

2. Lucimara participou de um jogo de *Boliche* em que cinco garrafas valiam 3 pontos cada uma e as outras cinco valiam 5 pontos cada uma. Ela derrubou três garrafas. Quantos pontos ela pode ter feito?

- Complete:

  3 + 3 + 3 = 9 ou ____________________

  ou ____________________ ou ____________________

3. Marileia participou de um jogo de *Boliche* em que as garrafas valiam 3, 4 ou 5 pontos. Havia 4 garrafas valendo 3 pontos, 4 garrafas valendo 4 pontos e 2 valendo 5 pontos.
Ela derrubou quatro garrafas e fez 16 pontos. Desenhe as garrafas derrubadas. Atenção: há mais de uma possibilidade, e você deve mostrar pelo menos duas.

22. Formas geométricas

A forma da embalagem

Emília vai presentear sua mãe e quer colocar o presente em uma embalagem bem bonita. É gostoso abrir um pacote para descobrir o que ganhamos, não é?

Emília foi com seu pai comprar a embalagem na *Casa das Embalagens*.

Emília conversa com o balconista:

— Quero uma embalagem redonda.

— Redonda de que jeito? Como um *CD*? Como uma lata de ervilhas?

— Não! Redonda como uma bola de futebol.

— Ah! Você quer uma embalagem com a forma da esfera...

Conversar para aprender

a) Qual é o número da embalagem que Emília quer?

b) Qual é o número da embalagem cilíndrica?

c) Qual é o número da embalagem em forma de cubo?

d) Uma das embalagens parece um chapéu de festa de aniversário. Ela tem forma de cone. Qual é o número dela?

Vamos desenhar?

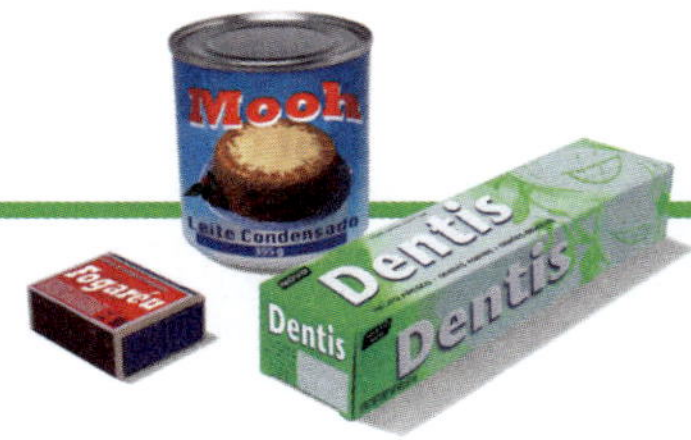

Desenhando com embalagens

1. Em uma caixa de fósforos, você pode identificar retângulos.
Veja:

- Usando uma caixa de fósforos, desenhe 3 retângulos diferentes.

2. Agora, use outras embalagens, diferentes da caixa de fósforos, para desenhar no caderno duas destas formas: quadrado, triângulo ou círculo. Você escolhe a embalagem.

Carimbos geométricos

Você pode fazer carimbos com as formas geométricas encontradas nas embalagens. Observe como se faz um retângulo. Uma face da embalagem de creme dental foi pintada com tinta.

1

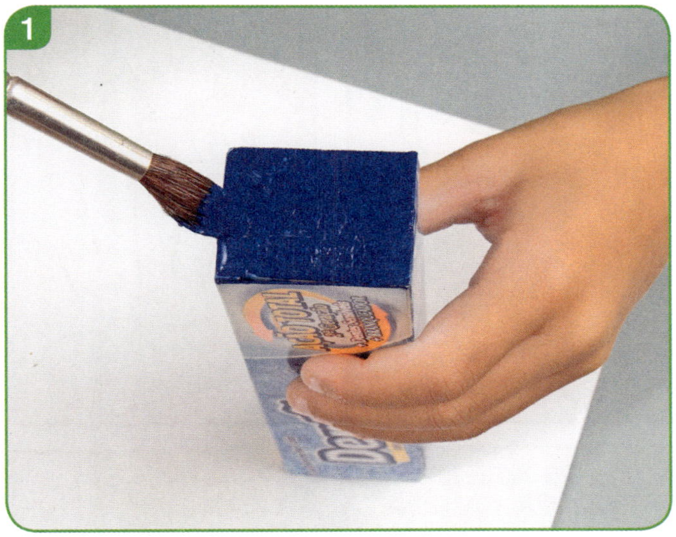

2

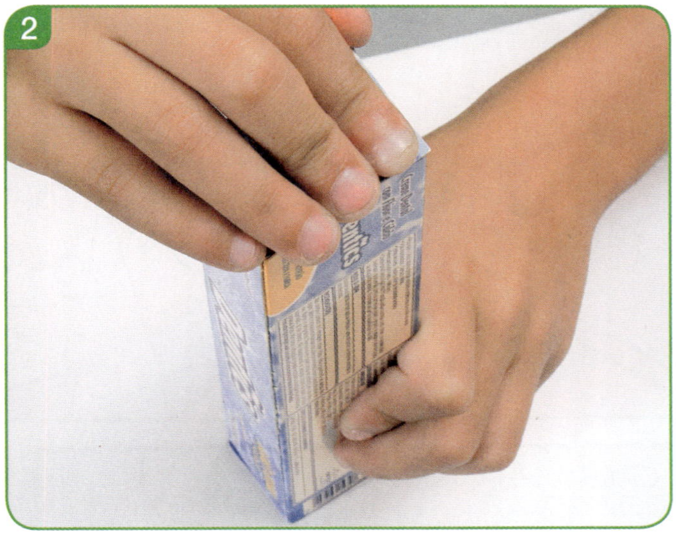

3

- Carimbando formas geométricas, você pode desenhar muitas coisas: um trem, uma casa, um rosto... Em uma folha de papel, ou no caderno, invente seu desenho com carimbos geométricos.

23. Subtração

O que será que aconteceu?

Conversar para aprender

a) Por que Gilson ficou surpreso? Como você explica o sumiço dos bolinhos?

b) Quantos bolinhos havia na travessa quando a campainha tocou?

c) E quando Gilson voltou, quantos havia? Quantos sumiram?

d) Nessa história, podemos pensar em uma subtração: **oito menos três é igual a cinco**. Em Matemática, essa subtração se representa assim:

$$8 - 3 = 5$$

Agora, invente outra subtração.

e) Gilson almoçará com a esposa e os dois filhos. Ele havia pensado em repartir igualmente os 8 bolinhos. Quantos bolinhos cada pessoa ganharia?

f) E agora, como repartir os bolinhos restantes igualmente entre as 4 pessoas?

g) Por que Gilson apagou o fogo da panela de arroz antes de atender quem tocava a campainha?

Registro da subtração

Veja:

Para essa história, podemos escrever a subtração:

$$6 - 2 = 4$$

- Agora, escreva uma subtração para cada história a seguir:

a)

____

b)

____

Recursos para subtrair

1. Para descobrir quanto dá 7 − 3, Bia faz assim:

Ela mostra 7 dedos...

... e abaixa 3. Sobram 4.

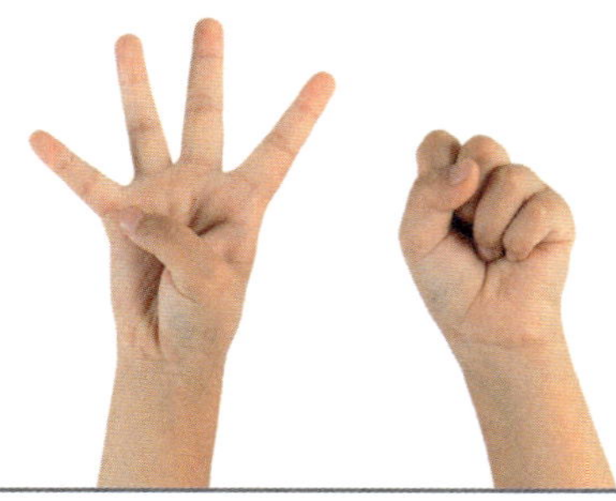

- Faça como Bia e descubra estes resultados:

6 − 2 = ____ 8 − 4 = ____ 9 − 5 = ____

2. Veja:

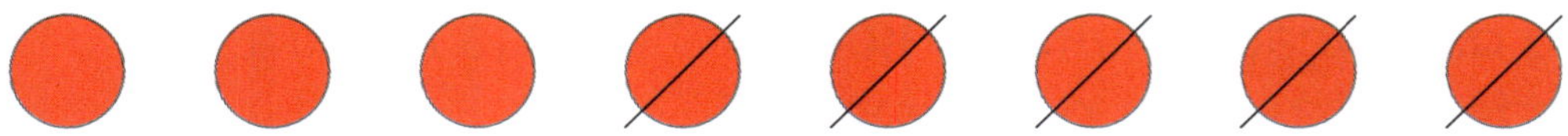

São 8 bolinhas, e 5 estão riscadas. Qual é a conclusão?

8 − 5 = 3

a) Agora, é com você:

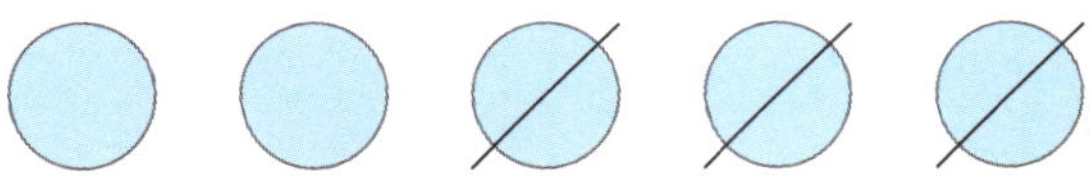

____ − 3 = ____

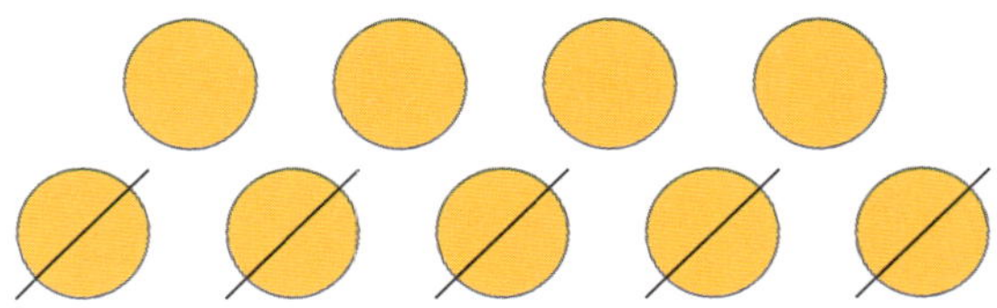

____ − ____ = ____

b) Faça desenhos e complete as subtrações.

10 − 4 = ____

8 − 6 = ____

3. Complete:

4 − 1 = ____	5 − 3 = ____	6 − 3 = ____
4 − 2 = ____	5 − 4 = ____	6 − 4 = ____
4 − 3 = ____	5 − 5 = ____	6 − 5 = ____

24. Adição e subtração

1. Descubra qual é a regra e complete a tabela.

+	0	1	2	3	4	5
0	0	1	2			
1	1	2	3			
2						
3						
4	4					
5	5	6	7			

2. O resultado da adição chama-se **soma**. O código mostra a cor de cada soma. Pinte o desenho.

Código	
7	
8	
9	
10	
11	
12	
13	

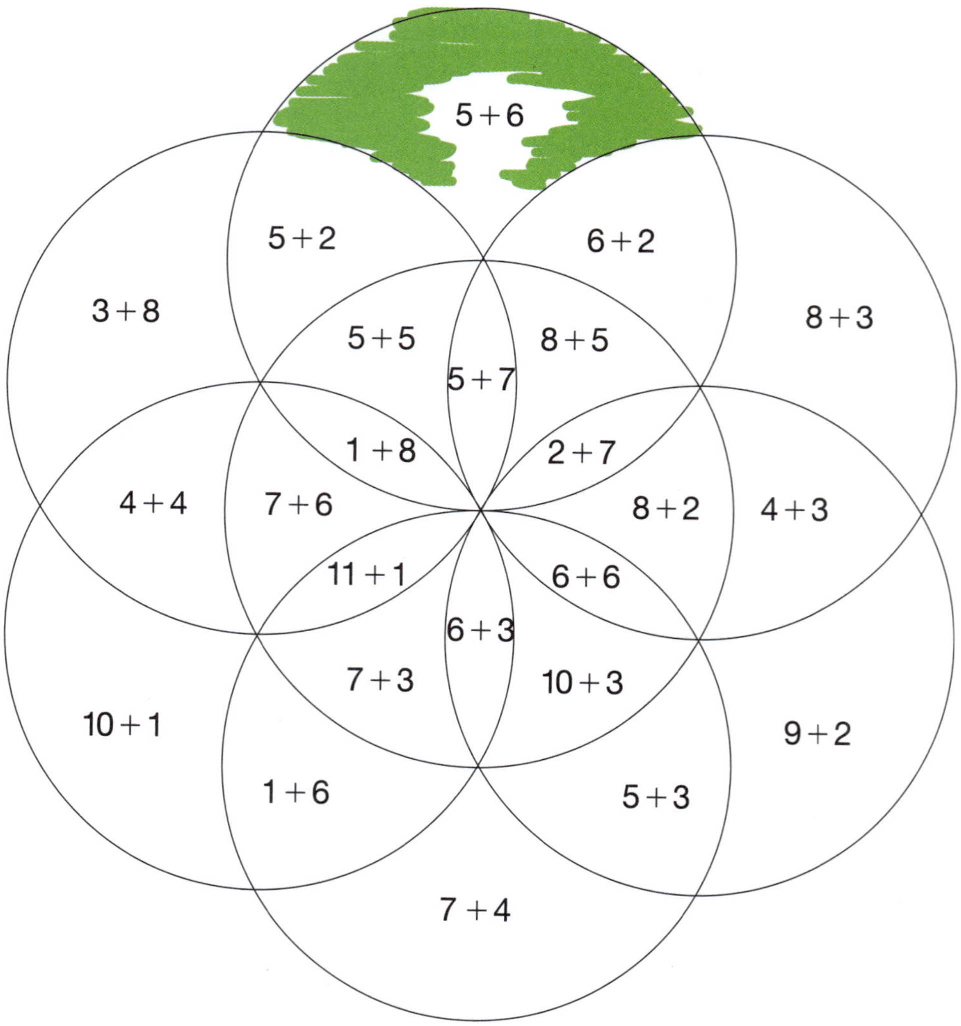

3. Pinte de preto se o resultado da conta for 8, de amarelo se o resultado for menor que 8 e de vermelho se o resultado for maior que 8.

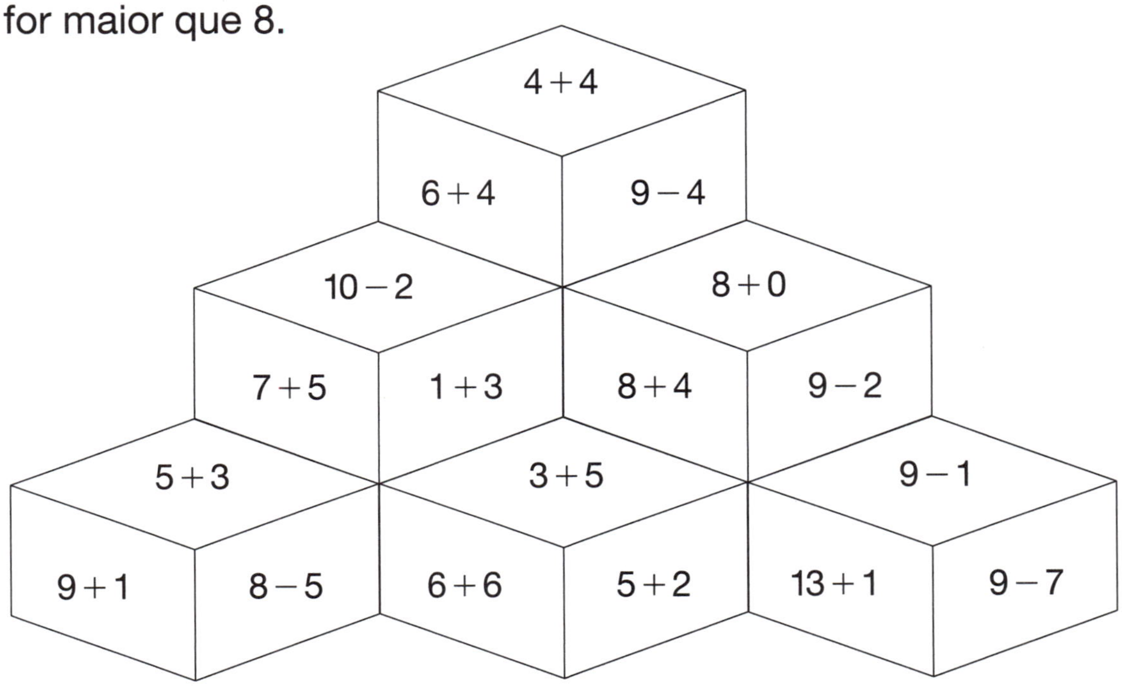

4. Pinte as fichas de laranja ou verde.
De cada lado do lápis deve haver fichas das duas cores.

- Agora, responda escrevendo adições.

a) Quantas são as fichas laranja? ____ + ____ = ____

b) Quantas são as fichas verdes? ____ + ____ = ____

c) Vamos achar o total de fichas usando duas adições diferentes?

Pense nas cores ____ + ____ = ____	Pense nas fichas da esquerda e da direita ____ + ____ = ____

Adição de três ou mais parcelas

1. Veja os cálculos no caderno:

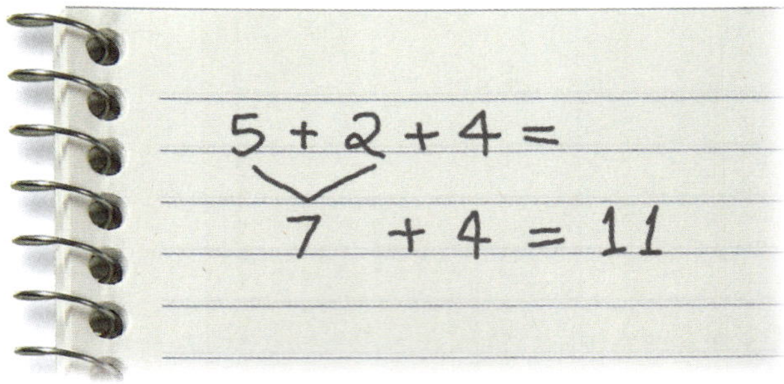

- Agora, complete:

2 + 3 + 5 = ____ + 5 = ____	2 + 1 + 4 = ____ + 4 = ____	1 + 5 + 3 = ____ + 3 = ____
4 + 5 + 3 = ____ + ____ = ____	4 + 4 + 4 = ____ + ____ = ____	3 + 3 + 6 = ____ + ____ = ____

2. Dê os resultados:

2 + 5 + 1 = ________

5 + 2 + 4 = ________

2 + 2 + 2 = ________

2 + 2 + 2 + 2 = ________

6 + 5 + 2 = ________

2 + 2 + 8 = ________

7 + 2 + 3 = ________

3 + 3 + 3 = ________

1 + 1 + 1 + 1 + 1 = ________

5 + 6 + 1 = ________

3. Quantos pontos eu fiz?

____ + 3 + 5 = ____

____ + ____ + ____ + 5 = ____

Vamos jogar?

Jogo das 5 cobras

Forme dupla com um colega.

1. No mesmo instante, cada um lança seu dado. O primeiro que disser a soma dos pontos obtidos desenha uma cobra no caderno. Depois, tudo começa de novo. Ganha quem conseguir desenhar 5 cobras primeiro.

2. Agora o jogo é um pouco diferente. O primeiro jogador lança os dois dados. Em seguida, se quiser, pega somente um dos dados e o lança de novo, para tentar aumentar seus pontos. Depois, nas mesmas condições, joga o segundo jogador. Quem tiver a maior soma desenha uma cobra no caderno. Aquele que desenhar 5 cobras primeiro ganha o jogo.

3. Você jogou. Agora, conte alguma coisa que aprendeu nesse jogo.

Veja se já sabe

1. Veja:

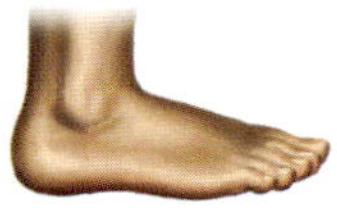

O pé de Nilson

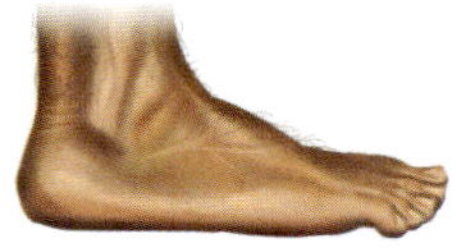

O pé do pai de Nilson

O pai de Nilson mediu o comprimento do cabo de vassoura: deu um pouco mais que 5 pés.

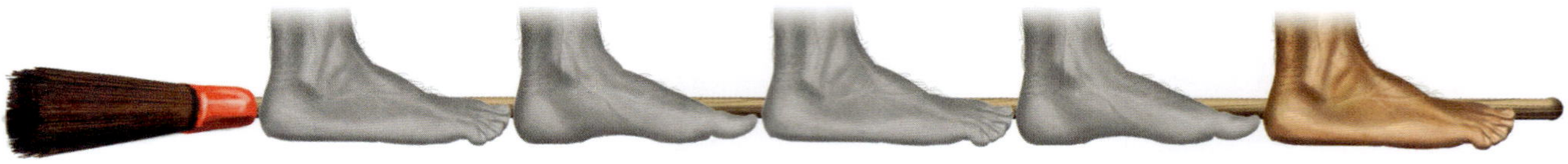

Agora, Nilson vai medir o comprimento do cabo com seus pés. Ele obterá mais que ou menos que 5 pés? Explique sua resposta fazendo um desenho. ______________________________

2. Observe o calendário do mês de setembro de 2009:

a) Esse mês teve quantas quartas-feiras?

____

b) No mês de setembro, há o feriado dedicado à Independência do Brasil. Qual é esse dia? Em 2009, em que dia da semana ele foi comemorado? ______________________________

c) Bianca nasceu no dia 15 de setembro. Quando seu aniversário cai no meio da semana, ela costuma comemorá-lo no sábado seguinte. Em 2009, em que dia do mês Bianca festejou seu aniversário? ______________________________

3. Marisa usou algumas embalagens para criar carimbos geométricos e com eles fazer um desenho.

- Quais destas embalagens ela pode ter usado? ______________________

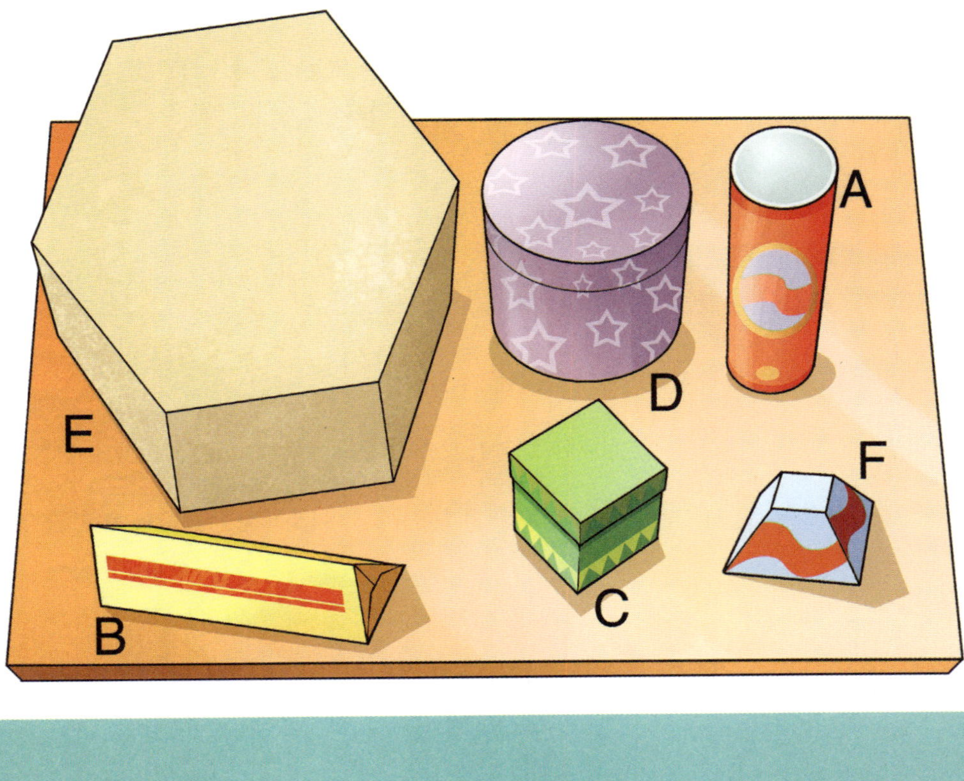

25. Dinheiro e Matemática

Algumas pessoas produzem alimentos, outras trabalham na construção de casas. Há aquelas, como os taxistas, que prestam serviços. Todas devem ser remuneradas por seu trabalho. Com o dinheiro que recebem, as pessoas podem comprar alimentos, pagar a prestação da casa e os serviços de que necessitam. O dinheiro que usamos no Brasil chama-se **real**.

No Peru, país vizinho ao Brasil, o dinheiro tem outro nome. Ele se chama **sol**.

Em vários países da Europa, o dinheiro chama-se **euro**.

Mudam os nomes e os desenhos das cédulas e moedas, mas, em todo lugar, o dinheiro tem a mesma finalidade. Ele facilita o comércio e o pagamento de serviços.

Conversar para aprender

a) Quanto vale a moeda de real mostrada acima?

b) Dentre as cédulas de real mostradas acima, com qual você compra mais coisas?

c) Há duas cédulas de real que não aparecem na foto acima. Você sabe seus valores?

d) Ao todo, quantos reais você vê acima?

1. Veja o dinheiro de cada um:

a) Quantos reais ele tem?

____

b) Quantos reais ela tem?

____

c) Se ela trocar sua cédula por moedas de 1 real, com quantas moedas ficará ao todo?

____

d) Os dois juntos têm quantos reais? ______________________

e) Quantos reais ela tem a mais que ele? ______________________

2. **Usando somente cédulas, podemos formar 3 reais de duas maneiras diferentes. Veja os desenhos:**

ou

a) Há três maneiras de formar 4 reais usando somente cédulas. Mostre-as com desenhos.

ou ou

b) Mostre, com desenhos, três maneiras de formar 7 reais usando apenas cédulas.

3. Veja:

São 10 reais.

Agora, acrescentamos 1 real.
São 11 reais.

Acrescentando mais 1 real, são 12 reais.

Com mais 1 real, temos 13 reais.

Continuando assim, acrescentando sempre 1 real, teremos:
14 reais, 15 reais, 16 reais, 17 reais, 18 reais, 19 reais...

- Mas, atenção: podemos formar as quantias em reais de várias maneiras. Observe os quadros e complete:

Aqui temos ______________ reais.

Aqui temos ______________ reais.

26. Pensar e responder

Tem gente que, ao ouvir uma pergunta, responde sem pensar. Essa não costuma ser a melhor conduta. Ler, ouvir, pensar e só depois responder é mais adequado. Vamos pôr em prática essa recomendação?

1. Quantos quilos o moço transporta no carrinho? ______

2. Jéssica tem 9 cédulas de 2 reais. Desenhe essas cédulas.

a) Ela gastou 6 reais. Cerque com uma linha as cédulas que ela gastou.

b) Com quantos reais ela ficou? ______

c) Se repartir igualmente esse dinheiro que sobrou com seu irmão, com quantos reais ficará cada um? ______

3. Rafael vende pipas. Certo dia vendeu 5 delas e voltou para casa com as 7 restantes. Quantas pipas tinha no início do dia? ______

4. Em cima da mesa, a professora tem alguns cadernos para corrigir. No armário, há outros 8.

a) Quantos cadernos há em cima da mesa? ______

b) No total, quantos cadernos a professora tem para corrigir? ______

5. André comprou o caderno e a tesoura. Quanto ele pagou? ____________

6. Qual é a mais pesada: a melancia ou a abóbora?
Explique sua resposta.

7. Observe as pessoas que vão tomar o metrô.

a) Há 4 catracas sendo utilizadas. Escreva uma adição para obter o total de pessoas:

_______ + _______ + _______ + _______ = _______

b) Há mais homens ou mais mulheres? ____________

c) Quantos a mais? ____________

8. Qual é a peça que completa e mantém o padrão do mosaico?

A, B, C ou D? ____________

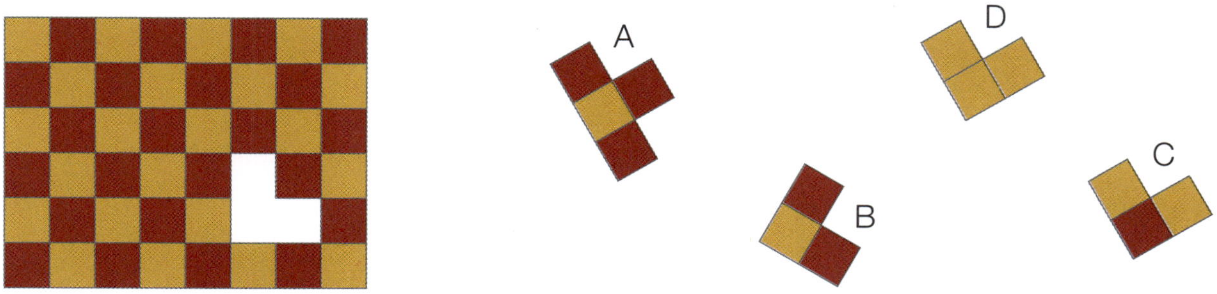

9. No balcão de uma padaria há 3 cestas de pães. Na primeira cesta, há 12 pãezinhos, na segunda, há 20, e na terceira, apenas 5. Que conta deve ser feita para achar o total de pães? Você não precisa dar o resultado, mas deve escrever a conta.

____

10. Em uma escola, a moça da cantina disse que iria fazer a sobremesa mais votada pelos alunos do 2º ano. Veja o resultado da votação. Cada retângulo representa um voto.

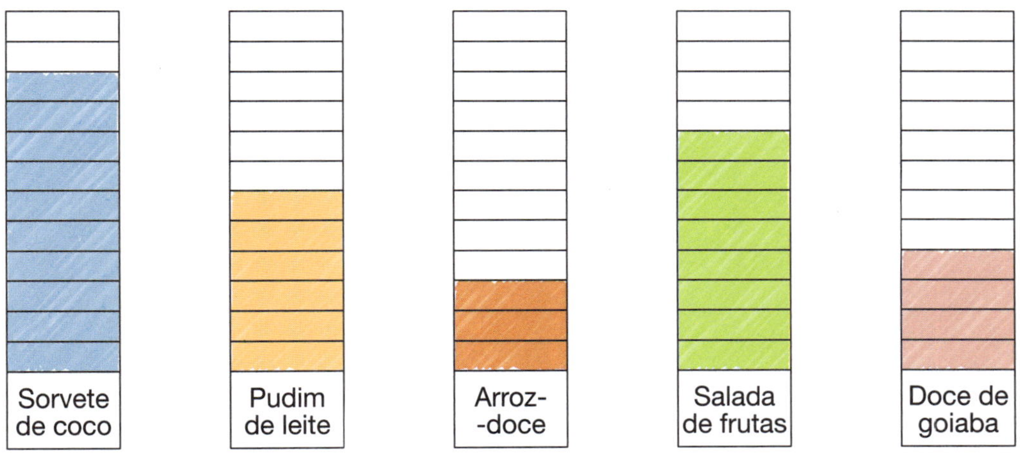

a) Qual foi a sobremesa mais votada? ______________________________

b) Quantos votos ela teve? ____________

c) Quantos votos ela teve a mais que a segunda colocada? ____________

d) Em que sobremesa você votaria? ______________________________

11. A professora Marina chega à escola às sete horas da manhã e vai embora às duas da tarde. Quantas horas ela fica na escola?

____

27. Numeração

Dez mais...

1. Complete as adições.

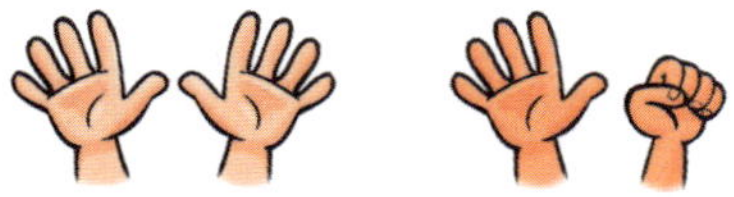

10 + ____ = 15

quinze

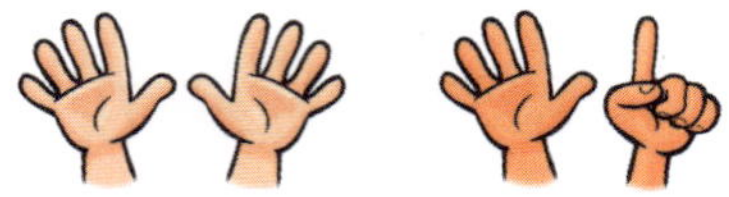

____ + ____ = 16

dezesseis

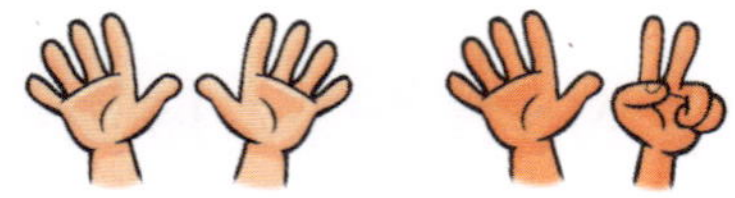

____ + ____ = 17

dezessete

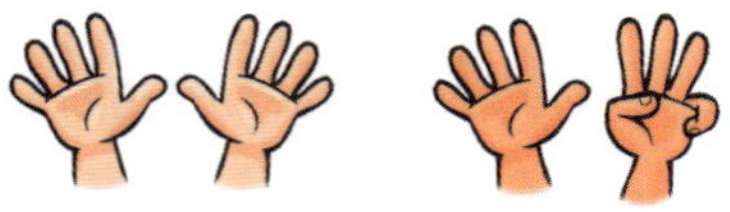

____ + ____ = ____

dezoito

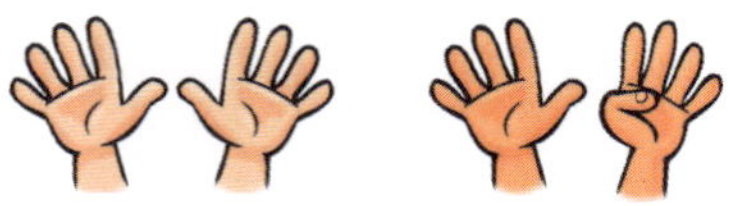

____ + ____ = ____

dezenove

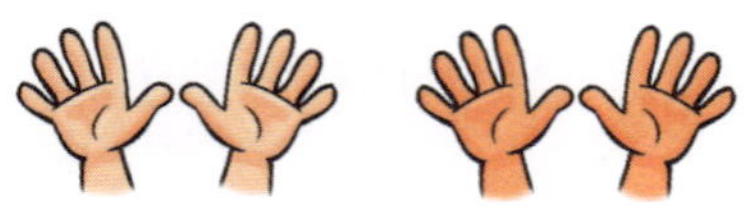

____ + ____ = 20

vinte

2. Dê o resultado.

14 + 1 = ________	17 + 1 = ________	20 + 1 = ________
15 + 1 = ________	19 + 1 = ________	21 + 1 = ________

3. Observe as figuras e complete:

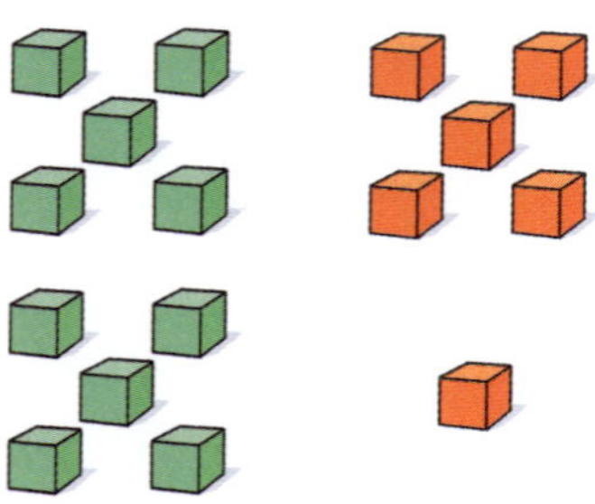

16

dezesseis

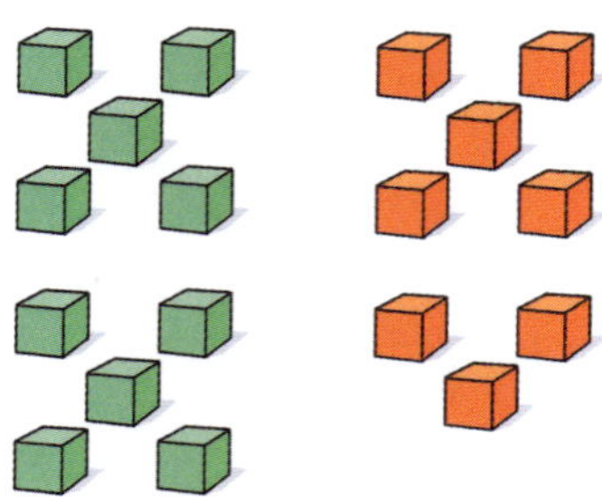

____

____

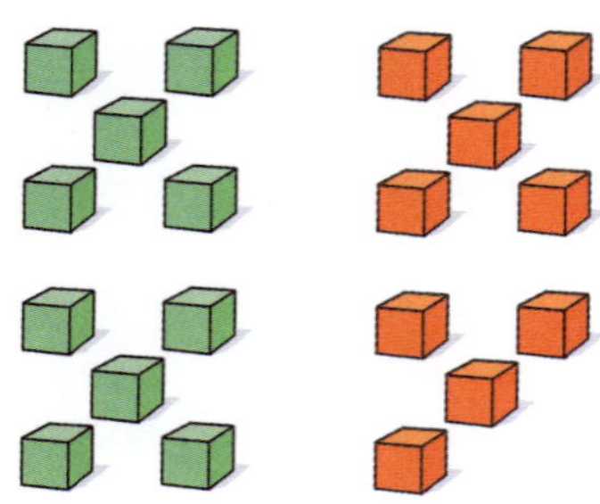

____

____

4. Ligue o nome do número à sua representação com algarismos.

dez | dezoito | quatorze | doze | vinte | dezesseis

10 | 14 | 18 | 20 | 12 | 16

5. O ratinho quer comer o queijo. Mostre o caminho. Mas, atenção: é proibido ir de um número para outro menor que ele!

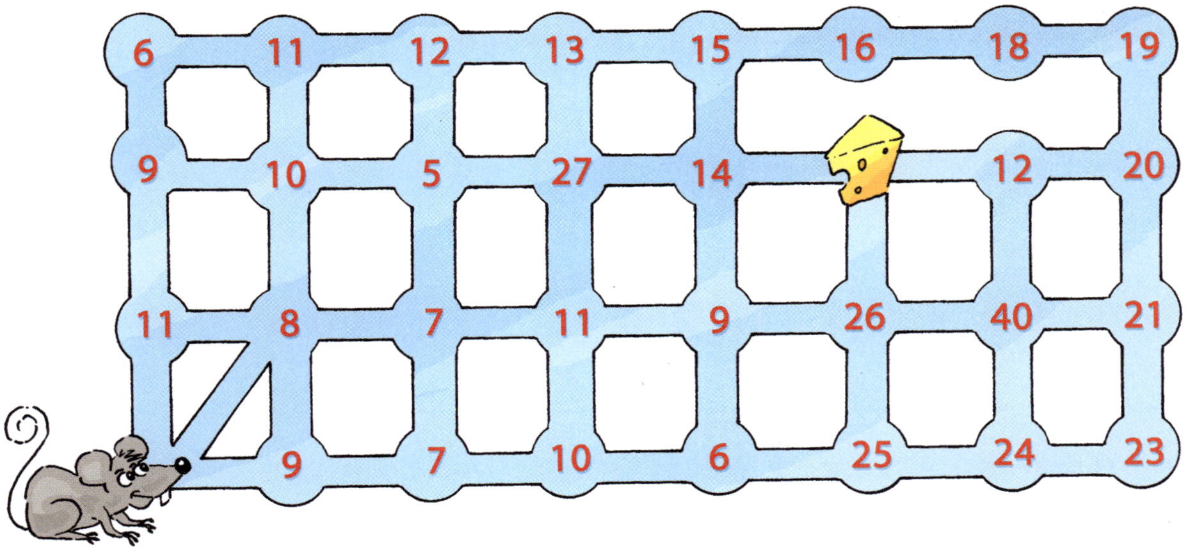

6. Desenhe uma estrela ligando os pontos na ordem crescente dos números: 17 com 18, 18 com 19, e assim por diante. Use régua! Depois, pinte a estrela.

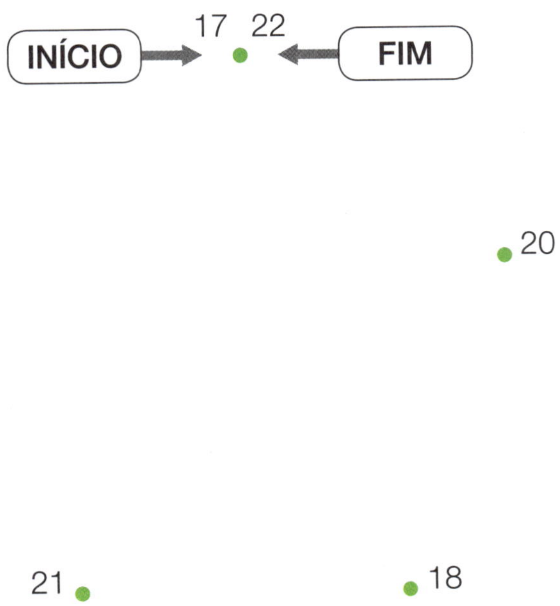

Vinte mais...

1. Veja o que diz a professora:

Com símbolos matemáticos, o que a professora disse se escreve assim: $21 = 20 + 1$

- Siga esse exemplo e complete:

a) $24 = 20 +$ ________

b) $26 = 20 +$ ________

c) ________ $= 20 + 7$

d) ________ $= 20 + 9$

2. Assim se escreve trinta e dois: 32
Trinta e dois quer dizer **trinta mais dois**: $32 = 30 + 2$

- Agora, complete:

a) $33 = 30 +$ ________

b) $37 =$ ________ $+ 7$

c) ________ $= 30 + 8$

d) ________ $= 30 + 9$

3. Ligue o nome do número à sua representação com algarismos.

27	vinte e cinco
30	trinta e três
39	vinte e sete
25	trinta
33	trinta e nove

28. Metade

Vovô Anísio foi ao açougue.

Vovô pediu metade de um quilo de carne. Na linguagem usual, costuma-se dizer meio, ou meia, no lugar de metade. Veja outros exemplos:

Um metro e meio é o mesmo que um metro mais metade de um metro.

Meia hora quer dizer metade de uma hora.

Conversar para aprender

a) Você já viu uma embalagem com meio quilo de feijão? Quantas delas devo levar para formar 1 quilo de feijão?

b) Uma hora tem 60 minutos. Quantos minutos meia hora tem?

c) Sua altura é maior ou menor que meio metro? Maior ou menor que um metro e meio?

d) Dois copos de água comuns totalizam meio litro de água. Quantos desses copos precisamos juntar para obter um litro de água?

1. Veja a conversa das irmãs.

A irmã menor ainda não compreende que metades devem ser iguais. Não existe metade maior ou metade menor.

- Agora, com um traço, divida cada figura ao meio e pinte uma das metades.

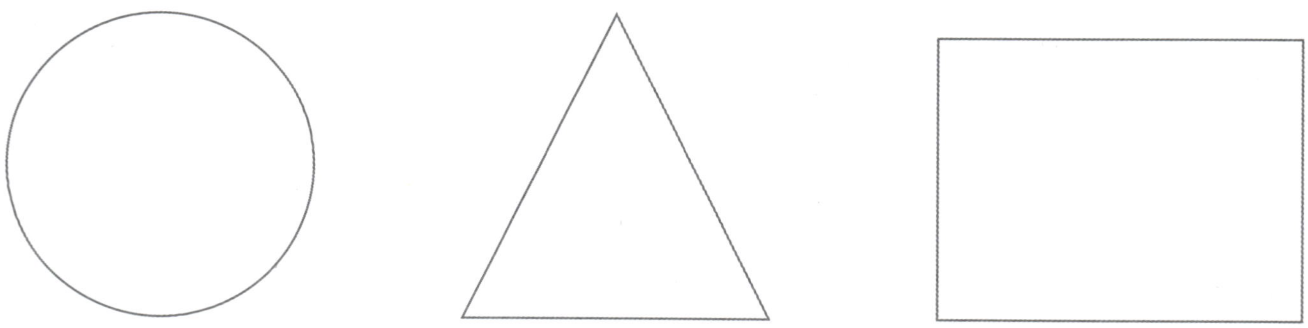

2. Marivane disse que metade da quantidade de goiabas está com bicho. Podemos perceber a presença de bichos pelos furinhos nas frutas.

a) Há quantas goiabas no total? ____________

b) Quanto é a metade de 8? ____________

c) Quantas goiabas estão com bicho? ____________

d) O que Marivane disse é correto? ____________________

3. Leia:

- Quanto é a metade de 10? ____________

4. Distribua igualmente 8 bolas entre duas crianças.

- Quanto é a metade de 8? ____________

5. Há 18 selos na coleção de Belmiro.

a) Cerque metade deles com uma linha.

b) Quanto é metade de 18? ____________

6. Complete a tabela:

Número	2	4	6	8	10	12	14	16	18	20
Sua metade	1	2	3							

29. Formas geométricas e informação

Você já viu em algum local o aviso da placa ao lado?

Nada está escrito nesse aviso.

No entanto, as pessoas entendem sua mensagem.

Na comunicação, usamos palavras, gestos, números, desenhos e muitos outros recursos, como os ícones que aparecem no computador.

A

B

C

D

Conversar para aprender

a) Por que é proibido fumar em certos ambientes?

b) Qual é a forma da placa que avisa ser proibido fumar?

c) O ícone A é uma ampulheta. Você sabe o que é ampulheta? No computador, o que esse ícone indica?

d) E o ícone B, qual é sua função no computador? Qual é a forma desse ícone?

e) Durante uma corrida de carros de um jogo de *videogame*, aparece na tela do computador o ícone D. O que isso indica?

1. Ligue cada placa-aviso ao cartão que contém seu significado.

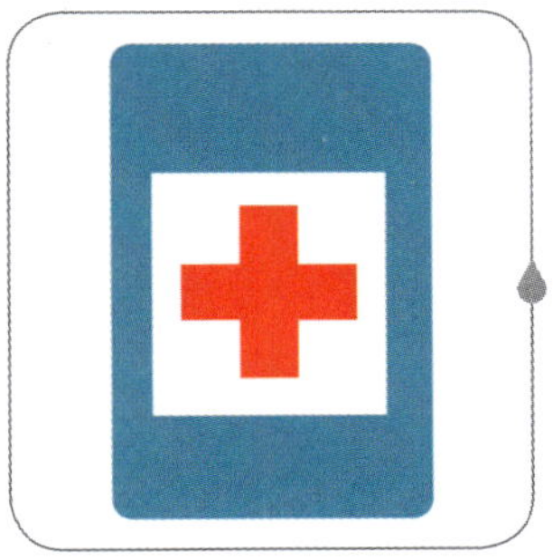

- É proibido usar celular
- Siga em frente
- Dê a preferência
- Crianças
- Área escolar
- Pronto-socorro
- Posto de serviços e restaurante
- Reservado para portadores de necessidades especiais
- Velocidade máxima permitida

- A placa que indica "Crianças" tem forma quadrada. Quais são as formas das demais?

2. Veja:

São dois triângulos.

Colocando um dentro do outro...

...formamos o aviso aos motoristas.

- Juntando formas geométricas, é possível reproduzir algumas das placas da página anterior.

  a) Juntando estas, qual placa você forma? Responda com um desenho.

  b) E juntando estas, que placa você forma? Desenhe.

3. **A bandeira de um país é um de seus símbolos mais importantes. Na bandeira do Brasil aparecem formas geométricas.**

- Em nossa bandeira, além do losango amarelo, que outras formas geométricas você reconhece?

30. Adição na trilha

1. Cada movimento de peão corresponde a uma adição.

3 + 4 = 7

- Agora, é sua vez. Desenhe o peão no lugar em que ele vai parar e complete cada adição:

0 + ____ = ____

____ + ____ = ____

2. Desenhe os pontos nos dados e complete cada adição:

13 + ____ = 19

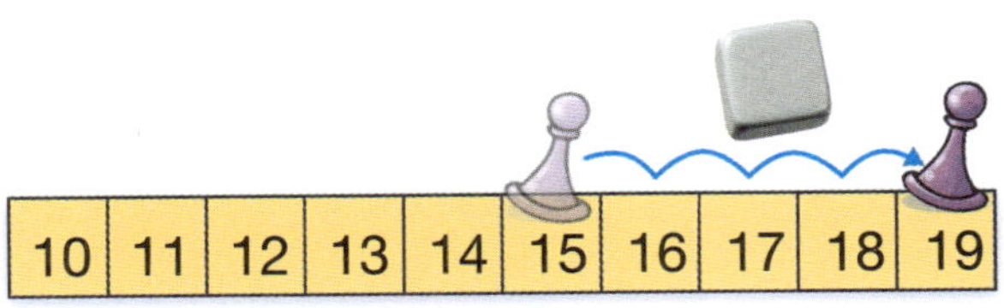

15 + ____ = 19

3. Escreva as adições:

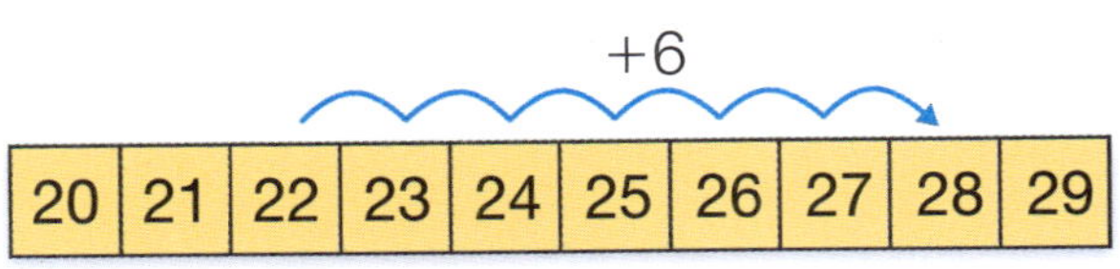

22 + 6 = ____

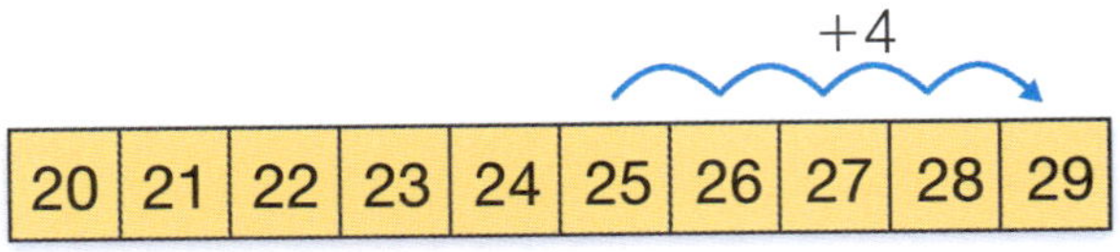

____ + ____ = ____

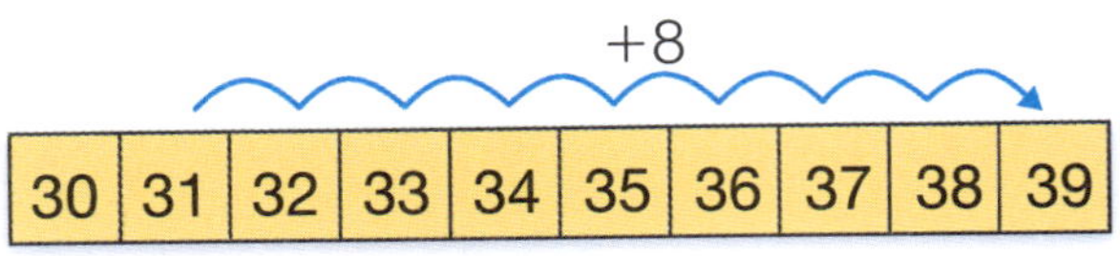

31 + ____ = ____

Adição na reta numerada

1. Veja:

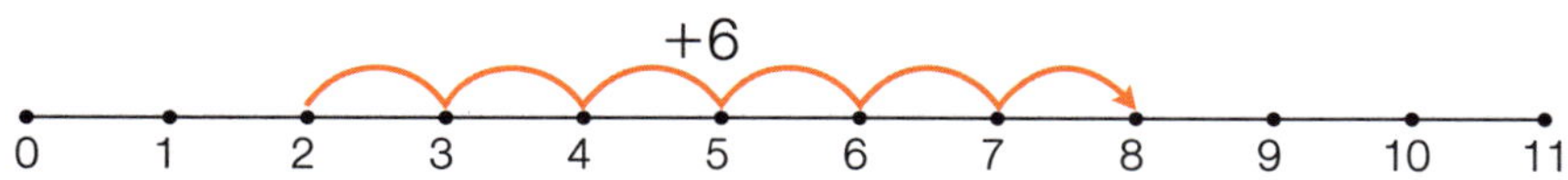

2 + 6 = 8

- Agora, é sua vez. Escreva as adições.

a)

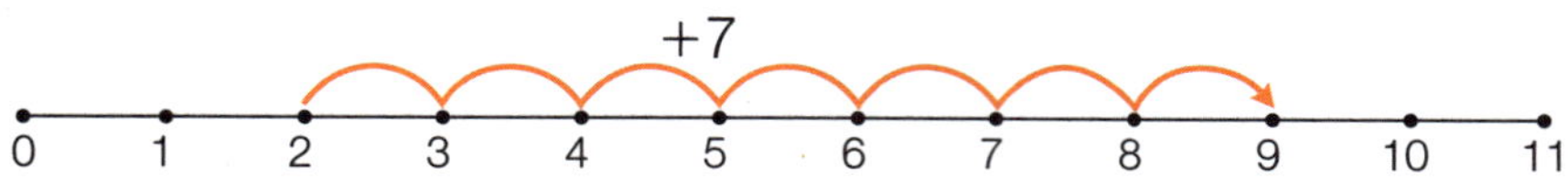

_____ + _____ = _____

b)

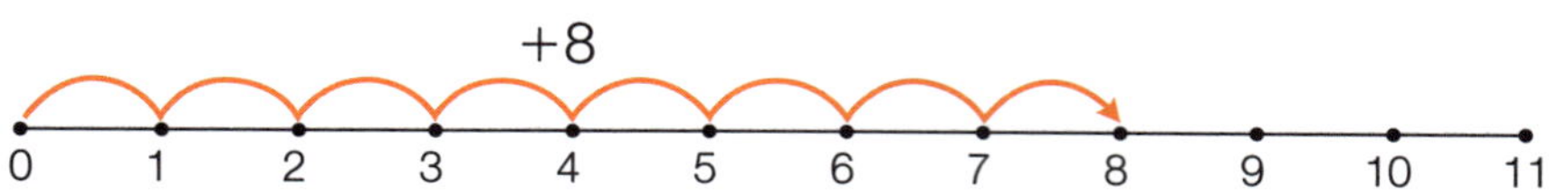

_____ + _____ = _____

c)

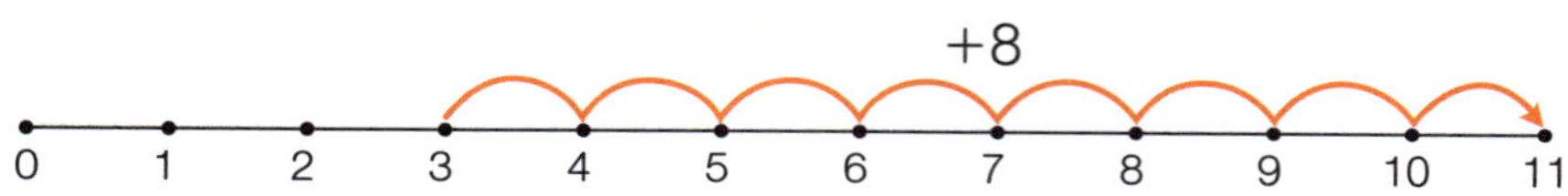

_____ + _____ = _____

2. Desenhe a linha que indica a adição e dê o resultado.

a)

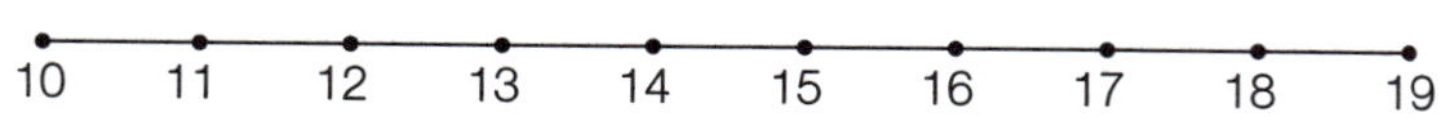

12 + 5 = _____

b)

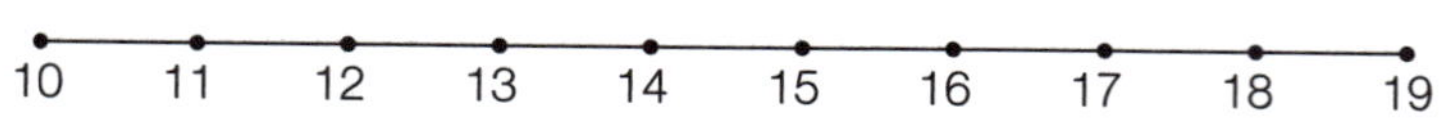

14 + 5 = _____

c)

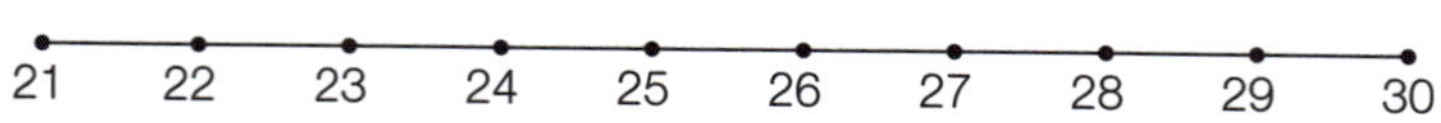

22 + _____ = 30

d)

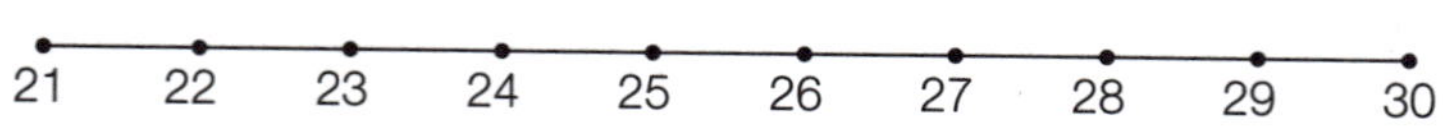

22 + _____ = 26

3. Vamos representar mais algumas adições na reta numerada.

a) 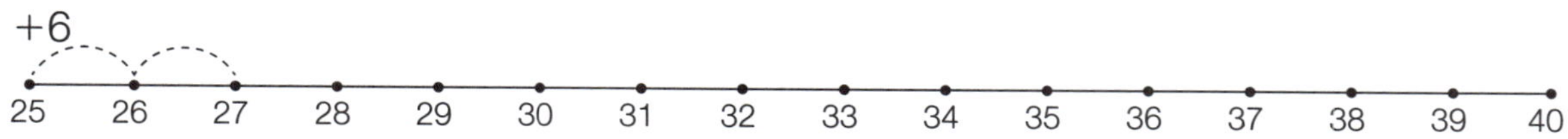

25 + 6 = ______

b) 

31 + 8 = ______

c) 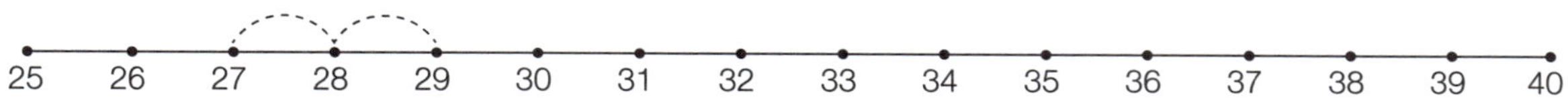

27 + ______ = 37

d) 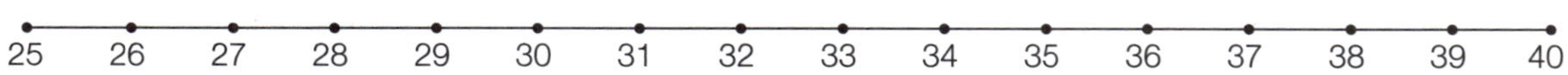

______ + 5 = 34

4. Complete:

33 + 6 = ______	31 + 5 = ______	26 + 12 = ______
25 + 9 = ______	30 + 9 = ______	27 + 12 = ______
28 + 7 = ______	36 + 4 = ______	25 + 13 = ______
35 + 5 = ______	34 + 6 = ______	29 + 9 = ______
25 + 8 = ______	33 + 3 = ______	31 + 9 = ______

5. Veja os dados que eu joguei.

- Quantos pontos eu fiz? ______

31. Cálculos

Em Matemática, raciocinar é fundamental.

Também é importante memorizar alguns resultados, como $2 + 5 = 7$ ou $9 - 3 = 6$. Por isso, vamos praticar!

1. **Coloque o número de cada vagão do trenzinho.**

a) Neste trenzinho, some 2, some 2, some 2...

b) Agora, tire 1, some 2, tire 1, some 2...

Vamos jogar?

Bingo sete!

- Toda a turma joga ao mesmo tempo. Cada um escolhe sete números da cartela abaixo e pinta de leve a casinha.
- A professora apresenta adições ou subtrações, sem dizer o resultado.
- Faça os cálculos. Se o resultado for um dos números que você escolheu, marque-o com **X**.
- Quem marcar primeiro os sete números escolhidos deverá dizer *Bingo sete* e ganhará o jogo!

10	4	1	6	15
5	9	12	19	17
14	16	8	7	11
18	13	3	2	20

Cálculo mental

1. Veja como o menino pensa:

- Agora, é sua vez. Some mentalmente e complete:

5 + 6 = ______ 8 + 9 = ______ 6 + 7 = ______

2. Calcule mentalmente quanto cada um vai gastar.

a)

✓ Ela vai gastar ______ reais.

b)

✓ Ele vai gastar ______ reais.

3. Dê os resultados:

8 + 3 = ______	7 + 5 = ______	7 + 7 = ______	6 + 4 = ______
9 + 2 = ______	6 + 6 = ______	8 + 4 = ______	7 + 8 = ______

Dominó e Matemática

1. Observe a sequência de dominós e complete o desenho das peças.

2. Este é um dominó de subtrações. Observe e complete:

3. Complete:

6 – 2 = ______

5 – 1 = ______

9 – 3 = ______

6 – 4 = ______

7 – 6 = ______

4 – 3 = ______

5 – 2 = ______

8 – 5 = ______

32. Par ou ímpar?

1. Eles estão disputando par ou ímpar.

a) O número 2 é par. Quem ganhou o jogo, ele ou ela?

____

b) A garota calça um par de tênis. O menino também. Dois pares de tênis, quantos tênis são?

____

2. Agora, é outra jogada. Observe:

- O número 3 é ímpar. Quem ganhou desta vez?

____

3. Um par de meias são duas meias. O número 2 é par. Agora, complete:

a) Dois pares de meias são ______________________ meias.

O número _____________ é par.

b) Três pares de meias são ______________________ meias.

O número _____________ é par.

c) Quatro pares de meias são ______________________ meias.

O número _____________ é par.

d) Cinco pares de meias são ______________________ meias.

O número _____________ é par.

4. Dê exemplos de objetos que são comprados aos pares.

5. Cerque com uma linha os pares de cartões. Se sobrar um cartão **sem par**, é porque a quantidade total de cartões é **ímpar**.

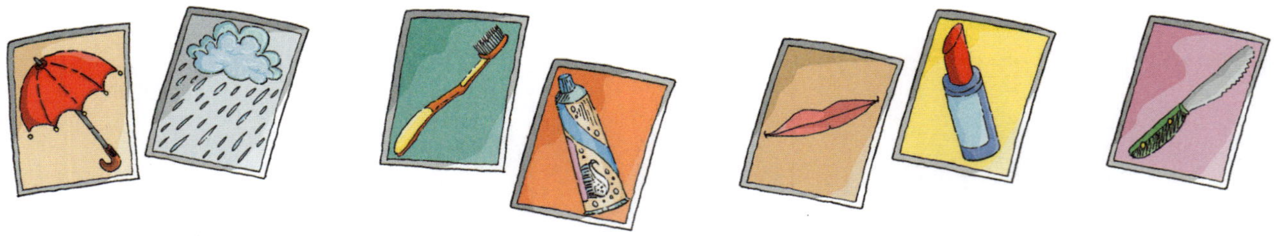

a) Quantos são os cartões? ____________

b) Esse número é par ou ímpar? ____________________

6. As crianças formaram pares para dançar.

a) Quantas crianças há no desenho? ____________

b) Alguém ficou sem par? ____________________

c) O número 9 é par ou ímpar? ____________________

7. Cerque os brincos formando pares.

a) Quantos brincos há no total? ____________

b) O número de brincos é par ou ímpar? ____________________

8. Prossiga circulando apenas os números que são pares.

1	(2)	3	(4)	5	(6)	7	8	9	10
11	12	13	14	15	16	17	18	19	20

33. Vocabulário matemático

Dobro

1. Há 6 ovos na embalagem menor. A embalagem maior tem o dobro dessa quantidade. Conte quantos ovos há na embalagem maior e responda: quanto é o dobro de 6? ___________

2. O edifício rosa tem 4 andares. O prédio vizinho tem o dobro desse número. Quantos andares ele tem? ___________

3. Veja o que eles dizem:

- O que ele disse está correto? Explique sua resposta.

Dúzia e meia dúzia

1. Pompeu foi à feira.

Ele comprou uma dúzia de limões.

- Quantos limões há em uma dúzia? ____________

Ele usou metade de uma dúzia de limões para fazer suco.

- Quanto é meia dúzia de limões? ____________

2. Cerque com uma linha cada dúzia de botões.

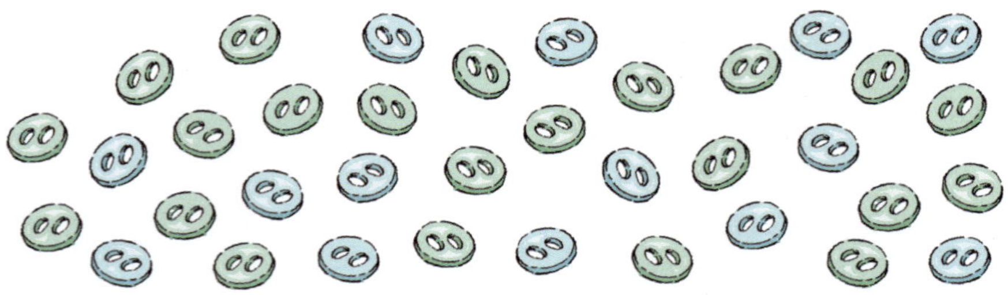

a) Há quantas dúzias? ____________

b) Quantos são os botões? ____________

3. Complete:

a) Duas dúzias de ovos são ____________ ovos.

b) 12 + 12 = ____________

c) Na embalagem ao lado há ____________ dúzia de ovos.

d) Uma dúzia e meia de ovos são ____________ ovos.

e) 12 + 6 = ____________

4. Complete a sentença. Você pode usar várias palavras, mas tem de usar a palavra dúzia.

- Papai foi ao supermercado e comprou ____.

Diferença

1. As pessoas estão conversando. Complete os balões:

2. Observe os peões na trilha do jogo e responda:

a) Qual é a diferença de pontos entre os peões? ______

b) Quantas casas faltam para o peão azul alcançar o rosa? ______

3. Veja o placar:

a) Qual é a diferença de gols entre os dois times? ______

b) Quantos gols o time *Brancos* deve fazer para empatar o jogo? ______

34. Problemas

Não se esqueça: em Matemática, problemas são desafios. Pensar neles desenvolve nosso raciocínio. Então, vamos lá!

1. **Estes são os bombons que João comprou. Ele vai dar metade para sua irmã Maria. Complete:**

João ficará com ________ bombons

e Maria com os outros ________.

2. **A caixa de lápis fechada tem o dobro dos lápis da caixa aberta. Complete:**

A caixa fechada tem ________ lápis.

3. **Observe:**

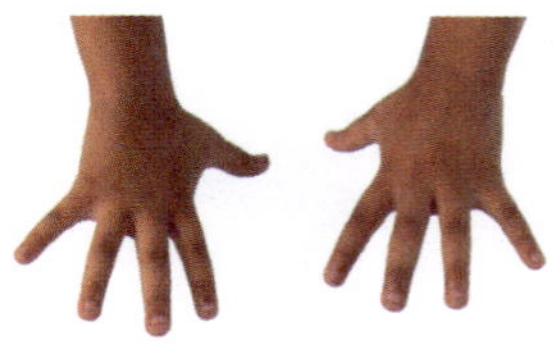

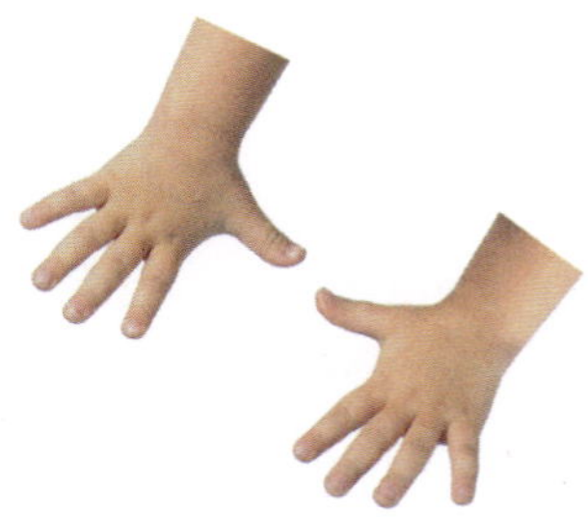

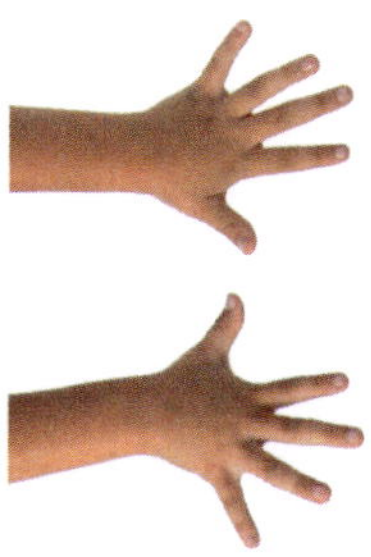

a) São quantas mãos? ________

b) Quantas pessoas são? ________

c) Quantos dedos há em todas essas mãos? ________

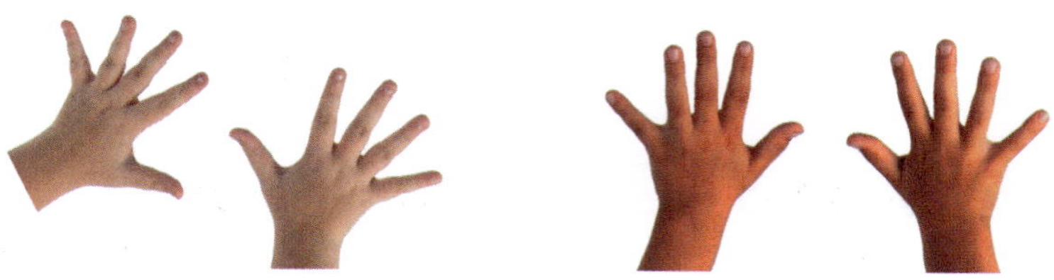

4. **Esta bicicleta transporta 3 pessoas:**

a) Duas bicicletas como esta transportam quantas pessoas? ________

b) E três bicicletas como esta? ________

c) E quatro bicicletas como esta, quantas pessoas transportam? ________

5. Reunindo cartões triangulares iguais a este, ao lado, é possível formar muitas figuras:

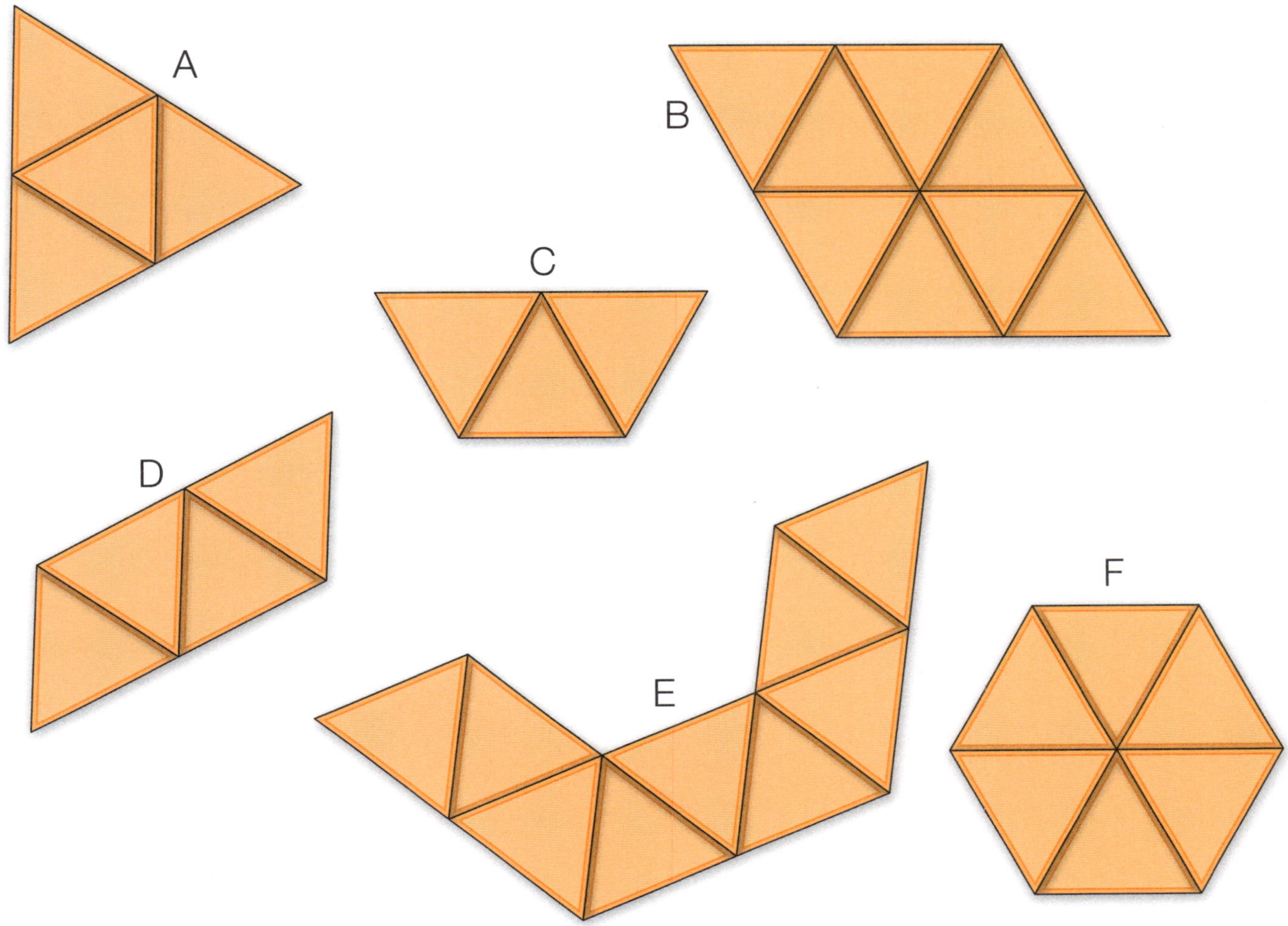

a) Qual delas tem o dobro de cartões da figura C? ______

b) Duas têm metade dos cartões de B. Quais são? ______

c) Quais são formadas por um número ímpar de cartões? ______

d) Formule outra questão envolvendo essas figuras.
Depois, responda a essa questão.

______

______

6. O dobro de meio litro é um litro.

a) Quanto é o dobro de meio quilo? ______

b) Quanto é o dobro de meia hora? ______

A Matemática dos garçons

1. **Vítor, Vitório e Vitalino trabalham como garçons em um restaurante e costumam receber gorjetas.**

Ontem, Vitório e Vitalino receberam 10 reais cada um e Vítor recebeu 16 reais.

a) O que faz um garçom?

b) O que é uma gorjeta?

c) Qual dos garçons recebeu maior gorjeta ontem? ____________________

d) Represente a quantia total recebida pelos três garçons desenhando cédulas de 10 reais e moedas de 1 real.

e) Complete:

Os três garçons juntos receberam em reais:

___10___ + ___10___ + __________ = __________

f) Os três garçons vão repartir igualmente o total recebido. Desenhe a quantia de dinheiro que vai ficar para cada um.

g) Se você fosse o Vítor, dividiria seu dinheiro com os colegas, mesmo tendo recebido mais que eles?

2. **Certo dia, Vítor recebeu 3 reais de gorjeta, Vitório recebeu 7 e Vitalino recebeu 5. Com base nessa informação, escreva uma pergunta que precise de uma conta para ser respondida.**

____

____

Veja se já sabe

Você já conhece a adição e a subtração, que são operações matemáticas. Nas atividades seguintes, mostre o que você aprendeu.

1. **Para cada história, escreva uma operação: você decide se deve escrever uma adição ou uma subtração.**

a)

____

b)

____

c)

____

2. Complete, escrevendo os resultados:

9 − 7 = ______	6 + 6 = ______	10 − 5 = ______
6 + 4 = ______	8 − 5 = ______	12 − 2 = ______
11 + 5 = ______	7 − 2 = ______	12 + 3 = ______
13 − 3 = ______	15 − 5 = ______	9 + 7 = ______

3. Use a reta numerada, se quiser, e escreva os resultados.

19 20 21 22 23 24 25 26 27 28 29 30 31 32 33 34 35 36 37 38 39 40

20 + 11 = ______	37 − 4 = ______	38 − 3 = ______
19 + 7 = ______	34 + 6 = ______	32 + 8 = ______
35 − 3 = ______	40 − 2 = ______	29 + 4 = ______

4. Leve o jabuti até a banana. Mas atenção! Só vale passar de uma casa para outra de resultado maior que o da anterior.

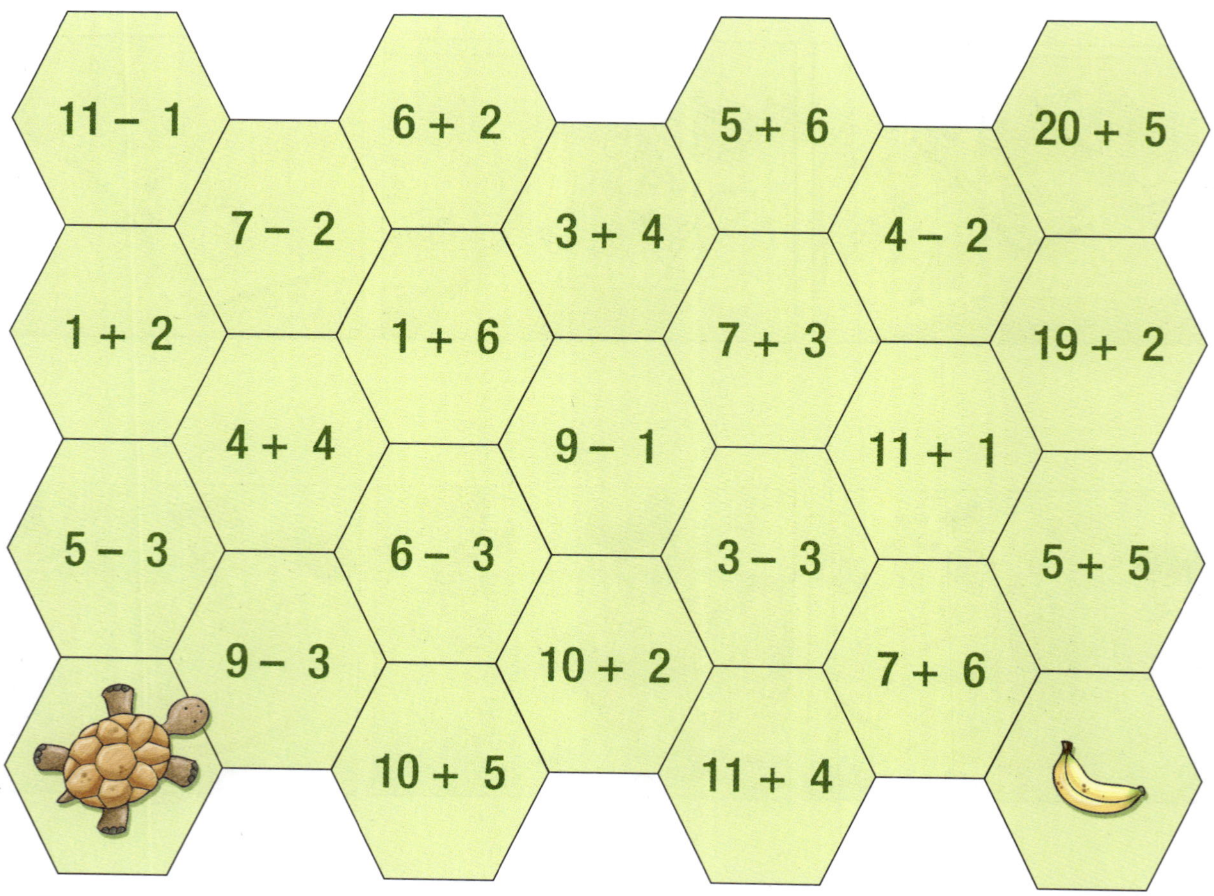

35. Ordem dos números

1. Ligue os pontos em ordem crescente, começando pelo 41. Depois, pinte a figura que vai aparecer.

2. Complete o quadro:

									50
51	52			55		57			
61		63			66	67		69	70
	72	73		75		77			80

- Agora, continue pintando os quadrinhos de laranja.
  O padrão é assim: começa no 50 e prossegue de 4 em 4.

3. Complete:

35	trinta e cinco	52	cinquenta e dois
37			cinquenta e oito
40			cinquenta e nove
43			sessenta e três
49			setenta e um

4. Complete cada sequência:

a) 0 | 10 | ___ | 30 | 40 | ___ | ___ | ___

b) 2 | 12 | 22 | ___ | 42 | ___ | ___ | ___

5. Júnior, Almir e Cléber foram nadar na piscina do centro esportivo da prefeitura da cidade onde moram e deixaram as roupas no vestiário. Júnior recebeu a etiqueta com o número 40, Almir a etiqueta com o número 28 e Cléber a que tinha o número 62. Eles colocaram a etiqueta no pulso e foram nadar.

a) Escreva o nome de cada menino de acordo com a etiqueta.

____

____

____

b) Depois de nadar, eles foram buscar as roupas. Veja a situação:

✓ Em qual balcão, A ou B, estão as roupas de Júnior? ______________

✓ E as roupas de Almir, em qual balcão estão? ______________

✓ E as de Cléber? ______________

6. Dê os resultados:

30 + 2 = ______	40 + 5 = ______	50 + 2 = ______
50 + 7 = ______	60 + 8 = ______	70 + 1 = ______

7. Na ordem crescente dos números, 7 vem imediatamente antes de 8; 9 vem imediatamente depois de 8. Vamos indicar assim:

7	8	9

- Agora, complete como no exemplo mostrado:

	24			49				64
	37		58					71

Vamos jogar?

Par ou ímpar?

- Você joga contra sua professora.
- Escolha cinco números de 10 a 20 e preencha a primeira coluna da tabela. Depois, a professora, sem ter visto os seus números, fala cinco números e você preenche a segunda coluna. A seguir, some os números de cada linha.
- Quando a soma for par, você ganha. Quando for ímpar, ganha a professora.

Meus números	Números da professora	Soma dos números	Soma par ou ímpar?

- Quem ganhou mais vezes: você ou sua professora? ______

36. Conhecendo a calculadora

Mil mais mil, ou dez menos três,
uma conta de cada vez,
você já sabe fazer.
E muitas mais vai aprender.

Mas também vale a pena
conhecer uma máquina pequena,
que faz contas bem depressa.
Você sabe que máquina é essa?

Conversar para aprender

a) Você já viu alguém usando calculadora? Em que situação?

b) Por que usamos calculadora?

c) Que número está escrito no visor da calculadora desta página?

d) Quanto é dez menos três? E mil mais mil?

e) Vale a pena usar uma calculadora para fazer 9 + 1? Por quê?

f) Imagine que você aperte estas teclas da calculadora:

✓ O que vai aparecer no visor: 12 ou 84?

g) Na calculadora acima, qual tecla liga a máquina? E qual desliga?

1. Coloque o número 30 no visor da calculadora.

É só digitar [3] [0]

a) Agora, some 10, digitando [+] [1] [0] [=]

e registre o resultado. ____________

b) Some 10 outra vez e registre. ____________

c) Repita a soma e registre. ____________

d) Mais uma vez ainda. ____________

2. Complete:

40 quarenta	50 ____________	________ sessenta
________ setenta	80 ____________	________ noventa

3. Use a calculadora e efetue estas adições:

a) 10 + 10 + 10 + 10 = ____________

b) 10 + 10 + 10 + 10 + 10 + 10 = ____________

c) 10 + 10 + 10 + 10 + 10 + 10 + 10 + 10 = ____________

d) 10 + 10 + 10 + 10 + 10 + 10 + 10 + 10 + 10 = ____________

4. Decifre o código e complete as sequências. Se quiser, use a calculadora.

a) 34 $\xrightarrow{+10}$ 44 $\xrightarrow{+10}$ ________ $\xrightarrow{+10}$ ________ $\xrightarrow{+10}$ ________ $\xrightarrow{+10}$ ________

b) 46 $\xrightarrow{+10}$ ________ $\xrightarrow{+10}$ ________ $\xrightarrow{+10}$ ________ $\xrightarrow{+10}$ ________ $\xrightarrow{+10}$ ________

5. Dê os resultados. Se quiser, use a calculadora:

a) Sessenta mais treze é igual a: ____________

b) Setenta mais doze é igual a: ____________

c) Quarenta mais quatorze é igual a: ____________

d) Oitenta mais dezenove é igual a: ____________

Refletindo mais

Outras representações dos números

Há milhares de anos, nossos antepassados que habitavam cavernas anotavam suas contagens fazendo risquinhos em ossos.

Para saber quantos riscos há nesse osso, só mesmo contando-os, não é? Se fossem poucos, uns três ou quatro, em uma só olhada já descobriríamos o resultado.

Um povo que viveu perto de onde hoje é o Iraque representava os números assim:

I	II	III	IIII	>	I>	II>	III>	IIII>
um	dois	três	quatro	cinco	seis	sete	oito	nove

- Verifique se você entendeu: como seriam representados os números de dez a quinze?

dez	onze	doze	treze	quatorze	quinze

Nos dias de hoje, em certas contagens, há pessoas que usam este registro:

𝍷	𝍷𝍷	𝍷𝍷𝍷	𝍷𝍷𝍷𝍷	𝍸	𝍸 𝍷	𝍸 𝍷𝍷	𝍸 𝍷𝍷𝍷	𝍸 𝍷𝍷𝍷𝍷	𝍸 𝍸
um	dois	três	quatro	cinco	seis	sete	oito	nove	dez

Ainda mais conhecido, há este outro modo de registrar quantidades:

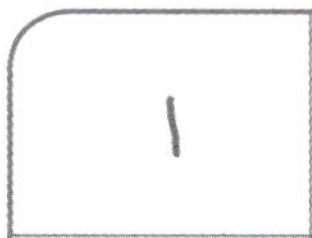			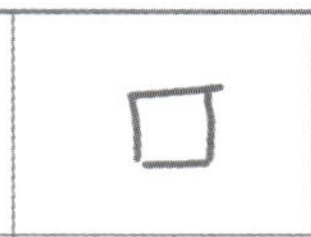					
um	dois	três	quatro	cinco	seis	sete	oito	nove

- Verifique se você entendeu representando dessa maneira os números de dez a quinze.

dez	onze	doze	treze	quatorze	quinze

Esse tipo de registro, às vezes, é usado para marcar pontos em um jogo. Veja o caso dos amigos que estão jogando boliche.

- Quantos pontos tem Miro? E Casemiro?

____

UNIDADE 3

Para ler, é preciso compreender palavras, imagens e também números. Todos esses elementos, juntos, comunicam algo, ou seja, passam uma informação.

Números indicam quantidade.

Números também indicam medidas.

E com os números podemos fazer ainda muito mais. Operando com eles, resolvemos problemas.

Primeiros contatos

1. Você sabe ler um preço como R$ 3,50?
2. Que hora assinala o relógio digital da foto da página ao lado?
3. Qual é o seu endereço? Para responder, você usou números e palavras?
4. **Vinte** é uma palavra ou é um número?
5. Um jogo é disputado em três partidas. Na primeira, Eliana fez 7 pontos, na segunda fez 10 e, na última, 5. Como podemos saber quantos pontos, ao todo, ela fez no jogo?

37. Formas geométricas planas

Mosaicos geométricos

Observe o desenho feito com pequenas pedras de cores variadas.

É um mosaico construído por artistas romanos há muitos e muitos anos.

Mosaico romano, século IV.

Eles também faziam mosaicos com formas geométricas, como estes:

Mosaico romano, século II.

Mosaico romano, século I.

Hoje, em algumas casas, vemos mosaicos geométricos construídos com ladrilhos cerâmicos ou tacos de madeira.

Conversar para aprender

a) Você já tinha visto um mosaico?

b) Que formas geométricas você identifica nos mosaicos romanos da página ao lado? E nos mosaicos desta página?

c) O que é um mosaico?

d) O que é um mosaico geométrico?

1. Mantenha o padrão e termine de pintar este mosaico:

2. Pinte o mosaico de acordo com o código.

Código de cores

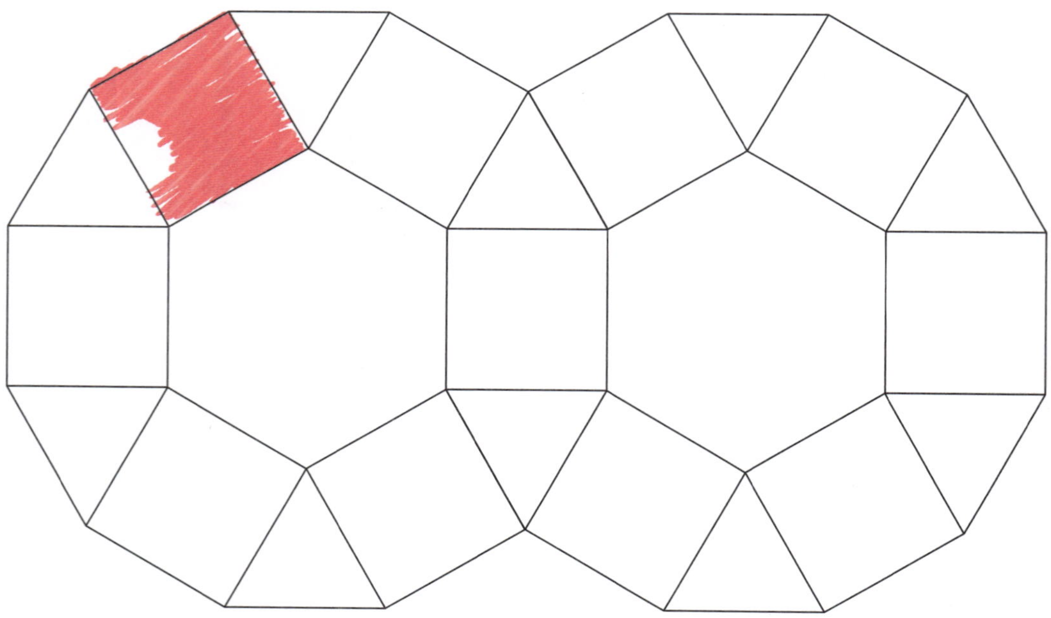

- Esse mosaico é formado por quadrados, triângulos e hexágonos. Qual é a cor dos hexágonos?

Desenhar com régua

1. Para desenhar uma linha reta, você pode usar uma régua. Uma das mãos segura o lápis. A outra prende a régua sobre o papel, de modo que ela não saia do lugar. Veja:

- Experimente usar sua régua. Desenhe uma linha reta ligando os pontos pretos.

2. Use a régua para ligar cada ponto com todos os outros. Vão surgir vários triângulos. Pinte os triângulos usando duas cores. Mas atenção: triângulos vizinhos devem ter cores diferentes. Deixe a figura central sem pintar.

Lados e vértices

1. Todo mundo diz que um quadrado tem 4 lados. Veja por quê.

- Agora, escreva o número de lados de cada forma.

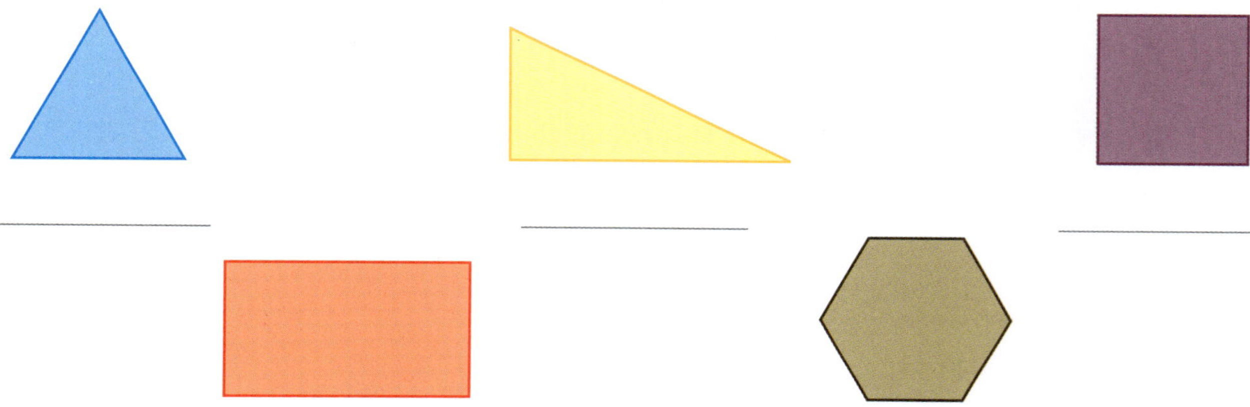

2. As pessoas dizem que triângulo tem 3 pontas.
Em Matemática, dizemos que todo triângulo tem 3 vértices.

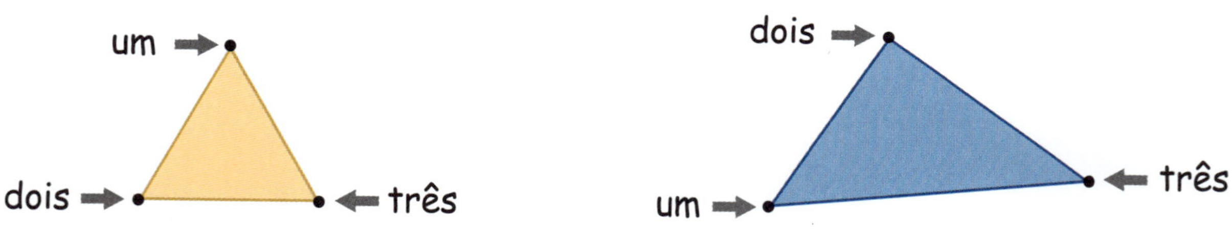

- Quantos vértices tem cada uma destas formas?

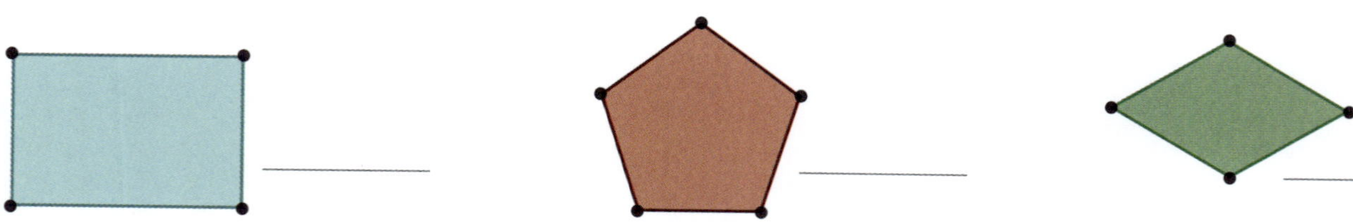

3. O que você acha: um círculo tem vértices?

38. Sequências e padrões

1. A professora fez uma brincadeira. As crianças deveriam formar uma fila, mas só poderia participar quem descobrisse a regra ou o padrão.

Veja o começo da fila:

a) O garoto de cabelo preto vai entrar na fila.
Como ele deve ficar? Marque com **X** a posição correta dele.

b) Descobriu a resposta? Agora, a professora de sua classe vai propor à turma essa brincadeira, mas as regras serão outras...

2. Descubra o padrão da sequência de números e numere os vagões do trenzinho.

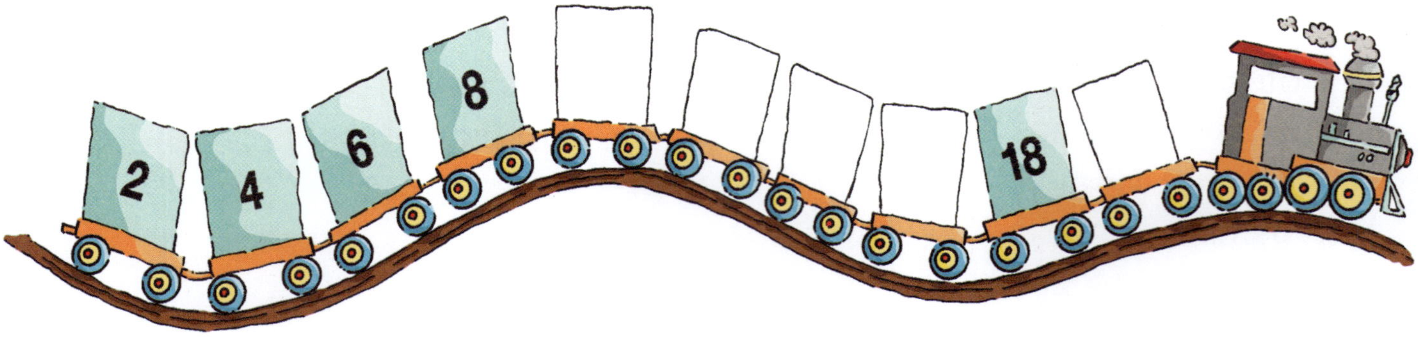

3. Agora, um desafio! Os números dos tijolos seguem um padrão. Descubra qual é e complete com os números que faltam.

4. Descubra a regra das cores. Depois, pinte os outros quadrinhos.

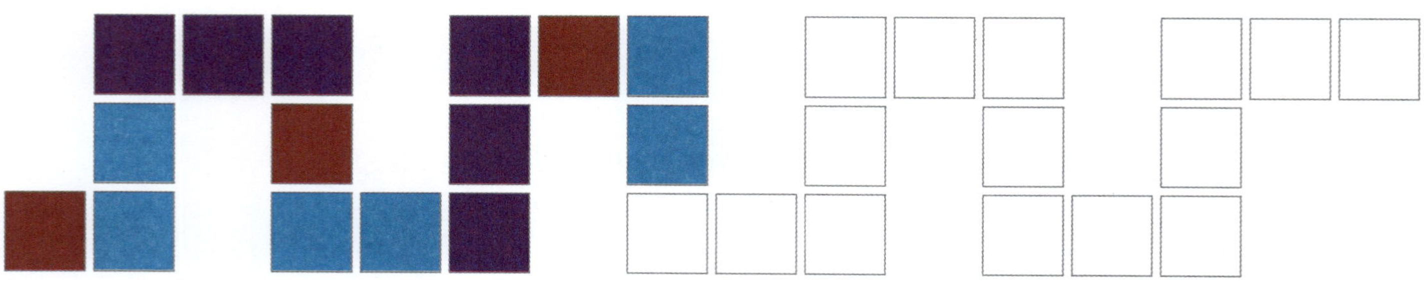

5. Nas cidades grandes, muitas pessoas moram em prédios de apartamentos. Cada apartamento equivale a uma casa. Neste prédio ao lado há dois apartamentos por andar.
Os apartamentos são numerados, e essa numeração segue um padrão.

a) Desconsiderando o térreo, quantos andares tem esse prédio? ____________

b) Examine a figura e responda: quantos apartamentos tem o prédio? ____________

c) Descubra: qual é o número do apartamento que está com a luz acesa? ____________

6. No fim do dia de trabalho, o caixa de uma padaria começou a contar as cédulas de 5 reais que havia recebido. Conforme contava, ele foi dizendo em voz alta:
— Cinco, dez, quinze, vinte...

Ele havia recebido 12 cédulas de 5 reais. Qual foi o último número que ele disse nessa contagem? ______________________

7. Imagine uma contagem de cédulas de 10 reais:
— Dez, vinte, trinta...
Se houver 13 cédulas, qual será o último número da contagem? ______________________

39. Problemas

Em Matemática, problemas são desafios. Pensando, você descobre a solução!

1. **Rita e Carlos são os pais de Thaís e Rodrigo. O vovô Flávio mora com eles. Veja as pessoas da família.**

35 anos	10 anos	4 anos	70 anos	40 anos

- Descubra quantos anos tem cada um e ligue o retrato à idade.

2. **Veja três cartões com formas geométricas:**

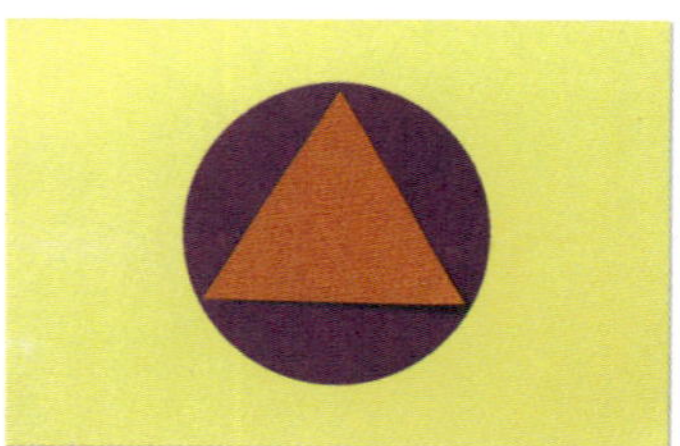

a) Desenhe o cartão de cima.

b) Desenhe o cartão de baixo.

Quais são as informações?

1. Leia a história:

- O que você acha: a *pizza* vai ser entregue na casa do moço?

____

2. Leia:

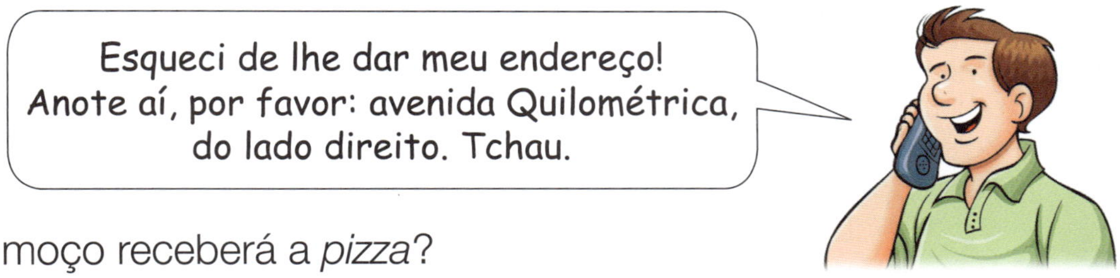

- E agora, o moço receberá a *pizza*?

____

3. Leia o problema:

Maria Dolores foi ao supermercado com R$ 60,00 e comprou 5 pacotes de biscoito e 3 litros de suco de caju. Quanto ela gastou?

a) Só com as informações fornecidas, é possível resolver o problema? Sim ou não? ______________

b) Que informações devem ser dadas para podermos descobrir quanto Maria Dolores gastou? ______________________________

c) Reescreva o problema colocando as informações que faltam. Depois, resolva-o.

Dinheiro de brinquedo

1. As crianças inventaram um dinheiro de brinquedo chamado **prata**.

Quantas pratas tem Carla? ______

Quantas pratas tem Bruna? ______

2. Raul está brincando de compra e venda. Veja quantas pratas ele tem:

Observe alguns brinquedos que ele pode comprar.

- Raul gastou tudo o que tinha. O que será que ele comprou? Mostre três possibilidades, desenhando ou escrevendo.

Uma possibilidade	Outra possibilidade	E mais outra

Problemas sobre um jogo com dados

Quem faz mais pontos fica contente.	Quem faz menos pontos fica triste.

1. Desenhe a boca da menina e a do menino assim ◡ ou assim ⌒.

2. Observe bem o rosto dos dois e desenhe os pontos nos dados da menina.

3. Eles empataram. Complete o dado.

4. Agora, um desafio: quantos pontos a menina fez no segundo dado?

40. Possibilidades

Nas sorveterias, escolhemos uma dentre várias opções. Primeiro, optamos entre casquinha ou copinho. Depois, escolhemos um sabor e qual cobertura vamos querer. Até a página 153, vamos analisar situações que envolvem várias possibilidades, como essa da sorveteria.

Vamos explorar?

As roupas do palhaço Alegria

Nas páginas 31 e 33 das **Folhas especiais**, destaque o palhaço Alegria, suas calças e camisas.

- Agora você vai brincar de vestir o palhaço.

Refletindo sobre como vestir o palhaço

Você percebeu que pode vestir o palhaço de várias maneiras?

Veja duas delas:

- Agora, você responde:

a) A camisa vermelha de Alegria foi lavada e ainda não secou! Com as outras duas camisas e as duas calças, Alegria pode se vestir de 4 maneiras diferentes. Por exemplo, calça azul e camisa laranja. Quais são as outras três maneiras?

b) A camisa vermelha já secou! Agora, são duas calças e três camisas que o Alegria pode usar. De quantas maneiras diferentes ele pode se vestir? Quais são elas? Se quiser, responda com desenhos.

1. Jogando dois dados, podemos obter soma de pontos igual a 7 de várias maneiras. Mostre 3 possibilidades.

2. Faça três cartões como estes:

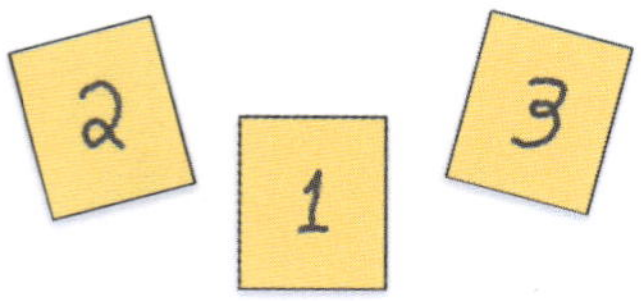

Com os cartões [1] e [2], você pode formar os números

[1] [2] ou [2] [1]. Ao todo, quantos números de dois algarismos você pode formar com esses três cartões? ____________

Quais são esses números? ____________________________

3. **Podemos ter 20 reais com uma cédula apenas, certo? Mas não podemos ter 30 reais com uma única cédula.**

a) Quantas cédulas, **no mínimo**, precisamos ter para totalizar 30 reais? ____________________________

b) Quantas cédulas, **no máximo**, devemos ter para formar 30 reais?

____

c) Mostre outras duas possibilidades de juntar 30 reais com as cédulas de nosso dinheiro.

____

____

____

____

____

4. Podemos juntar 10 reais de maneiras diferentes.

Esta é uma possibilidade:

- Desenhe outra possibilidade usando apenas duas cédulas.

5. Este é outro problema sobre dinheiro. Mostre a quantia de 20 reais de duas maneiras diferentes.

Usando apenas duas cédulas:

Usando três cédulas:

6. Agora, a quantia é de 25 reais. Mostre duas possibilidades de formar 25 reais com as cédulas de nosso país.

7. Angélica tem quatro cédulas que totalizam 20 reais.

Qual é o valor de cada cédula? ____________________

41. Números

A sequência numérica

Contar até 9?
É brincadeira...
De 10 a 19?
Facílimo!
De 20 a 29?
Digo rápido, sem pensar.
Vou em frente, conto tudo,
nem preciso respirar.
Mas em um ponto eu sempre paro
e preciso perguntar:
— Quem vem mesmo depois do 99?

Conversar para aprender

a) Este desenho vem da fábula da lebre e da tartaruga. Você conhece essa fábula?

b) Quantas casas a tartaruga precisa avançar para alcançar a lebre?

c) O macaco fez uma travessura: ele trocou algumas bandeiras, e há seis números fora de lugar. Quais são esses números?

d) Você sabe que número vem depois de 99?

e) E quais são os cinco números seguintes a esse?

f) Você conhece algum número bem grande? Qual?

g) E qual é o número seguinte a esse? E o próximo?

1. Veja o que diz a professora:

- Agora, complete:

98 + 0 = ______
98 + 1 = ______
98 + 2 = ______

97 + 1 = ______
97 + 2 = ______
97 + 3 = ______

90 + 5 = ______
90 + 8 = ______
90 + 10 = ______

2. Para começar, complete o quadro mantendo o padrão:

71	72			75	76	77			80
	82	83					88	89	
91				95	96				

- Agora, você deve pintar:

a) de **azul**, os quadrinhos dos números maiores que 74 e menores que 81;

b) de **vermelho**, os quadrinhos dos números maiores que 94 e menores que 100.

3. Complete:

74 ___*setenta e quatro*___
82 ______
90 ______
98 ______

oitenta e sete ___87___
noventa e cinco ______
setenta e um ______
cem ______

Usos dos números

Veja a conversa entre a professora e o aluno:

- Agora, é sua vez. Em que você pensa quando vê estas imagens?

a)

b)

c)

d)

e)

f)

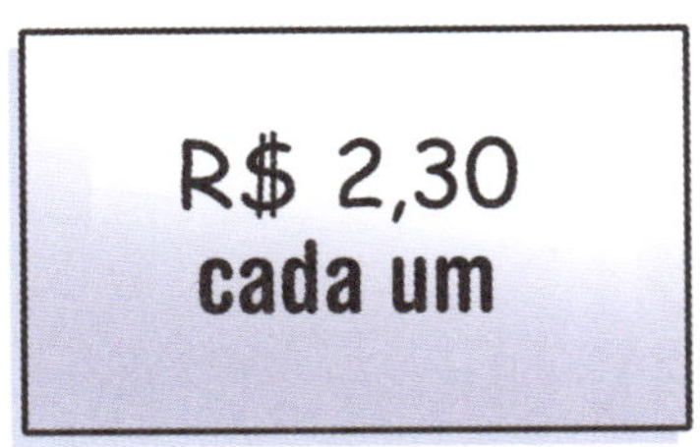

42. Desenhos na malha quadriculada

1. Veja as instruções e o desenho:

Para cima, 3:

Para a esquerda, 4:

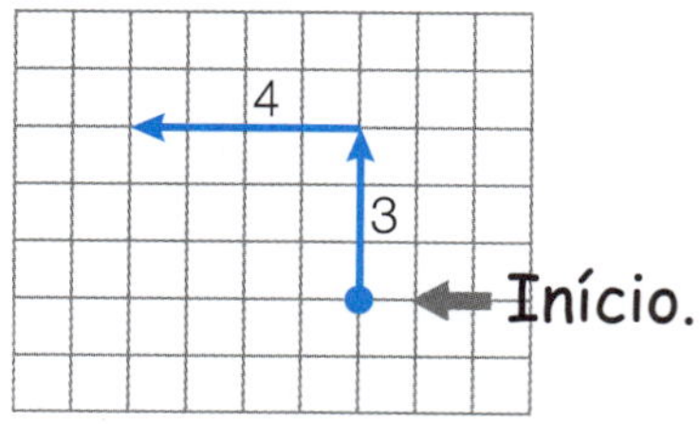

- Agora, desenhe de acordo com as instruções.

a) Para a direita, 5.
Para baixo, 2.

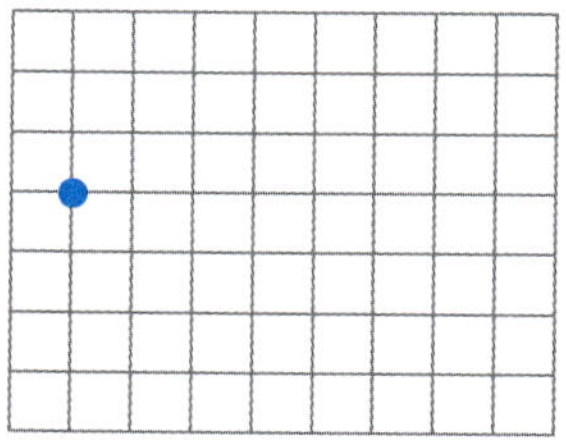

b) Para a esquerda, 4.
Para cima, 3.

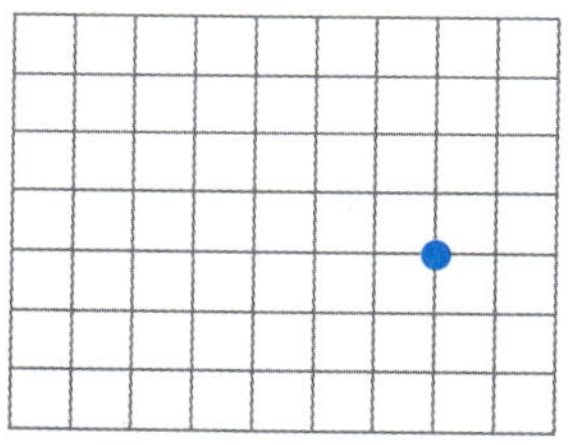

c) Para cima, 2. Para a direita, 6.
Para cima, 3.

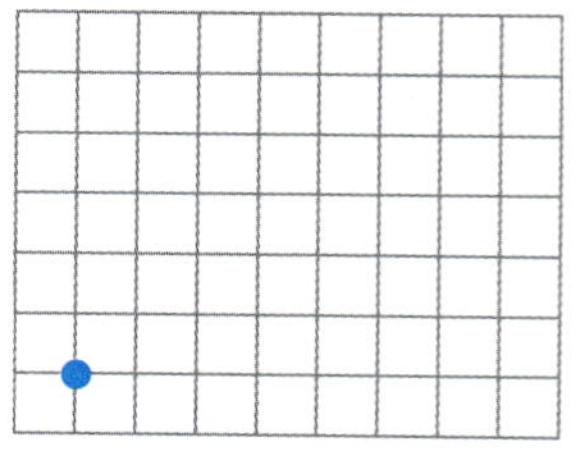

d) Para cima, 3. Para a esquerda, 4.
Para baixo, 5.

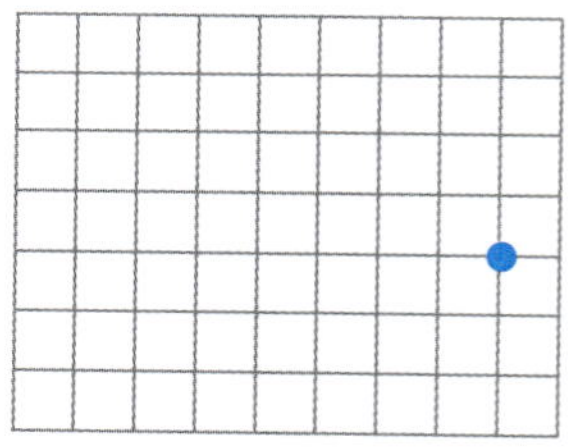

2. Além do desenho, complete também as instruções.
Deve aparecer um quadrado.

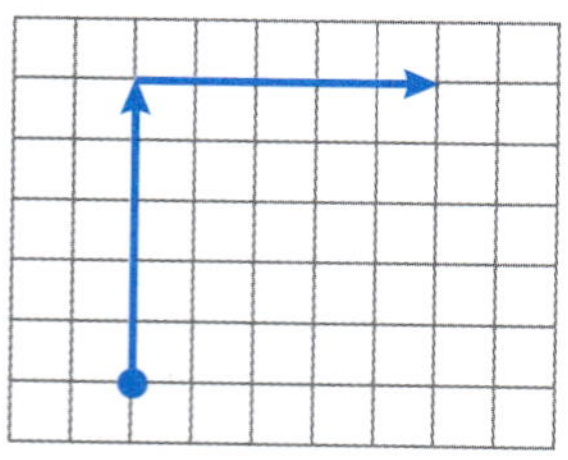

Para cima, 5. Para a direita, 5.

Para ____________________, ________.

Para ____________________, ________.

3. Complete o desenho e as instruções para que apareça um retângulo.

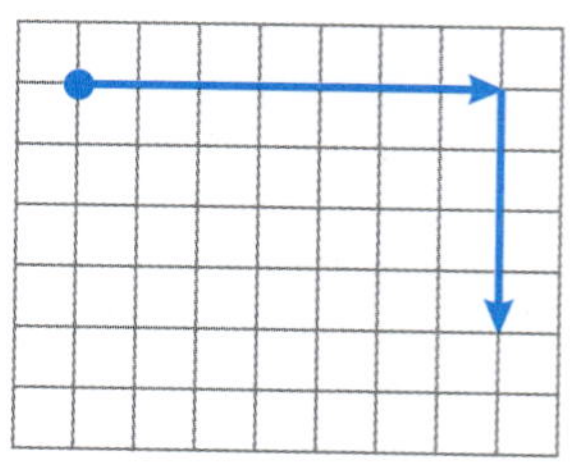

Para a direita, 7. Para baixo, 4.

Para ____________________, ________.

Para ____________________, ________.

4. Siga as instruções e faça o desenho com a régua. Não é preciso fazer as setas.

a) Para a direita, 2.
Para cima, 4.
Para a direita, 2.
Para baixo, 4.
Repita tudo isso mais duas vezes.

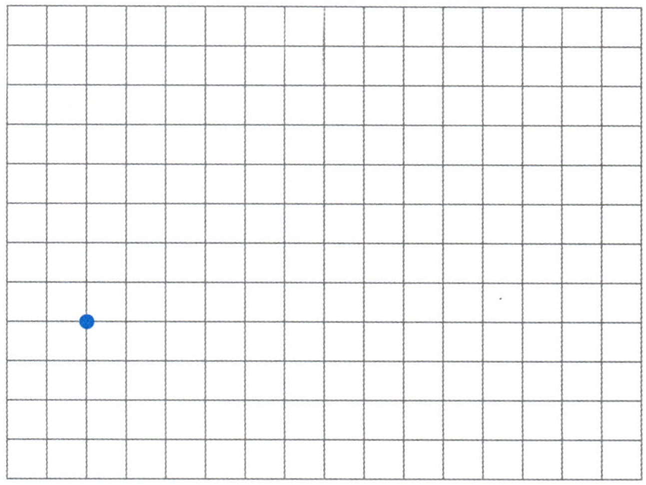

b) Para a esquerda, 2.
Para cima, 2.
Para a direita, 4.
Para baixo, 4.
Para a esquerda, 6.
Para cima, 6.
Para a direita, 8.

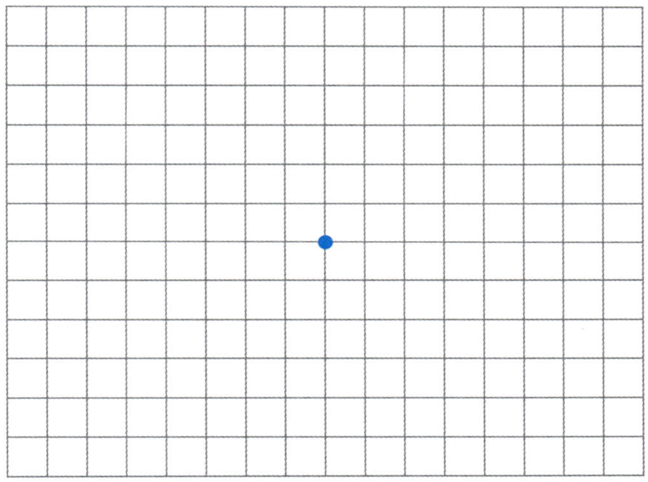

5. Observe o desenho e complete as instruções.

Para cima, ________.
Para ____________________, ________.
Para ____________________, ________.
Para ____________________, ________.
Para ____________________, ________.
Para ____________________, ________.
Para ____________________, ________.

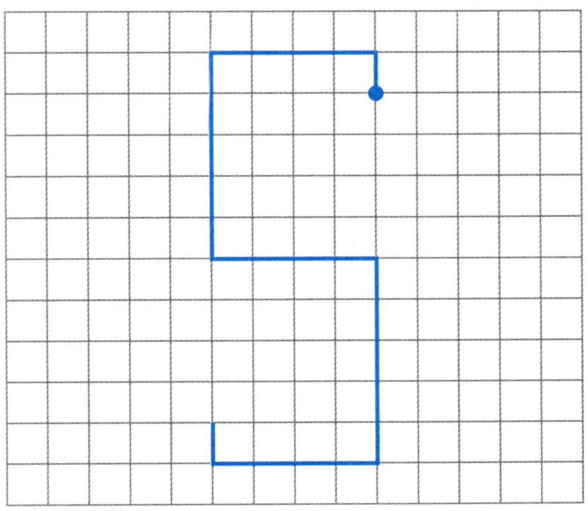

43. Pensar e responder

Não se esqueça: antes de responder, convém pensar!

1. Descubra qual é seu presente, lendo as dicas.

Dicas!

- Ele não está em uma caixa grande.
- O papel da embalagem é listrado.
- O pacote não tem forma de cubo.

2. Intruso é quem chega sem ser convidado ou quem não faz parte de um grupo. Em cada caso há um intruso. Qual é? Por que ele é o intruso?

a)

b)

3. Há 18 alunos na classe, e a professora quer formar grupos de 4 alunos. Cerque com uma linha cada grupo de 4 alunos.

a) Quando você cercou com uma linha grupos de 4, quantos grupos foram formados? ___________

b) Quantas crianças ficaram fora desses grupos? ___________

4. Um prédio tem seis andares: o andar térreo e mais cinco. Na sua fachada, há uma janela em cada andar. Veja ao lado que cada janela tem 4 placas de vidro.

a) Desenhe a fachada do prédio de acordo com as informações.

b) Quantas placas de vidro há nessa fachada? ___________

5. Na casa de Selma, havia 36 reais em cima da mesa: três cédulas de 10 reais, uma cédula de 5 reais e uma moeda de 1 real. Ela pegou 15 reais para fazer compras na padaria.

a) Desenhe o dinheiro que havia em cima da mesa. Depois, faça uma linha cercando a quantia que Selma pegou.

b) Quanto dinheiro sobrou em cima da mesa? ___________

Tabelas

1. Complete as tabelas.

+	3	4	5
42	45		
45			
47			

+	2	3	4	5
81				
84				
86				
89				

2. Complete a tabela fazendo subtrações.

–	0	1	2	3	4	5	6	7	8	9
9	9	8	7							
8	8	7	6							
7	7	6								
6										
5										
4										
3										
2										
1										
0										

3. Complete as tabelas, escrevendo as palavras que faltam.

	TA
CA	CATA
LA	
MA	

	MA
CA	CAMA
LA	
MA	

4. Qual é o total de pontos? Complete:

	6	7		

Cálculo mental

1. Sonhei com um país chamado Matematicalândia. Lá, o dinheiro chama-se **matic**. Para saber o valor das cédulas, as pessoas fazem subtrações:

Esta cédula vale 3 **matics**, porque: $5 - 2 = 3$

- Em cada quadro, marque um **X** na cédula de maior valor.

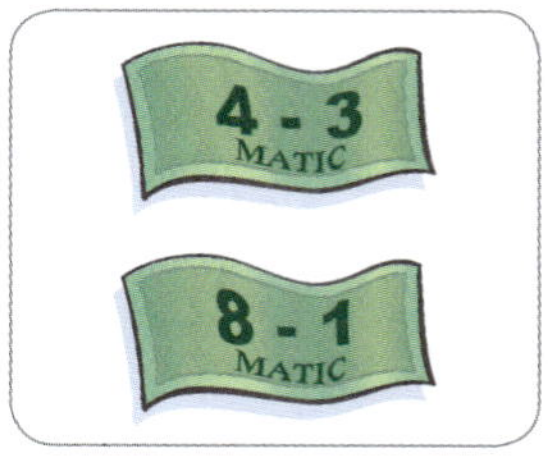

2. Em meu sonho, entrei em um ônibus e paguei a passagem com estas duas cédulas:

- A pessoa que entrou depois de mim pagou a passagem com uma única cédula. Desenhe a cédula que ela usou.

3. Veja o dinheiro de cada um:

a) Quantos **matics** tem o menino? ______

b) E a menina? ______

c) Qual é a diferença entre a quantia dele e a dela? ______

d) Ele tem quantos **matics** a mais que ela? ______

Veja se já sabe

Você está aprendendo a resolver problemas de Matemática. Mostre o que já sabe.

1. **Em certo jogo, são usadas fichas quadradas e circulares de duas cores. Veja, na tabela, quantos pontos vale cada ficha.**

	Azul	Verde
	6	7
	5	4

Estas são as fichas de Jô:

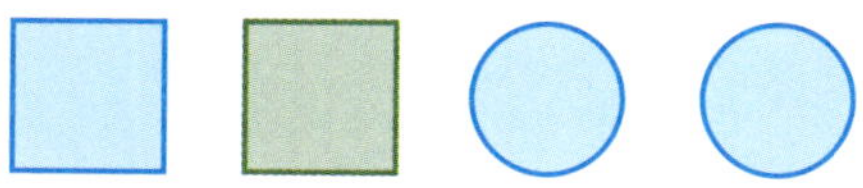

Estas são as fichas de Zé:

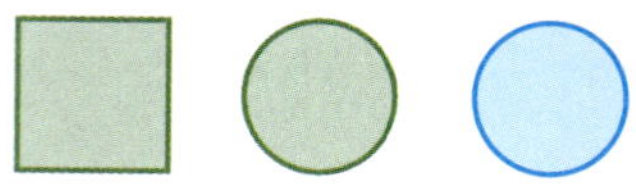

a) Quantos pontos tem Jô? __________

b) Quantos pontos tem Zé? __________

c) Quem tem mais pontos? Quantos a mais? __________

2. **Observe as garrafas do jogo de *Boliche*.**

a) Quem derrubar só duas garrafas poderá fazer 5 pontos? E 6? E 7 pontos?

____

b) Quem derrubar três garrafas, quantos pontos fará no máximo? __________

c) E quem derrubar 4 garrafas, quantos pontos fará no máximo? __________

44. Contar formando grupos de dez

1. Cerque grupos de 10 com uma linha e responda:

A

✓ Há quantos grupos de 10? ____________

✓ Quantos pregos sobraram fora do grupo? ____________

✓ Há quantos pregos no total? ____________

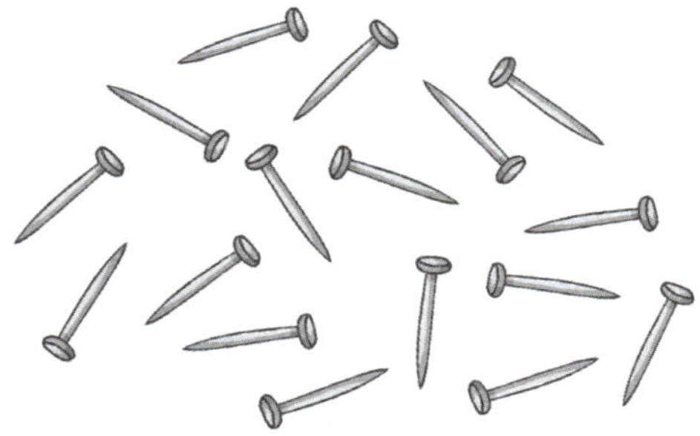

B

✓ Quantos grupos de 10 há? ____________

✓ Quantos botões sobraram fora dos grupos? ____________

✓ Há quantos botões no total? ____________

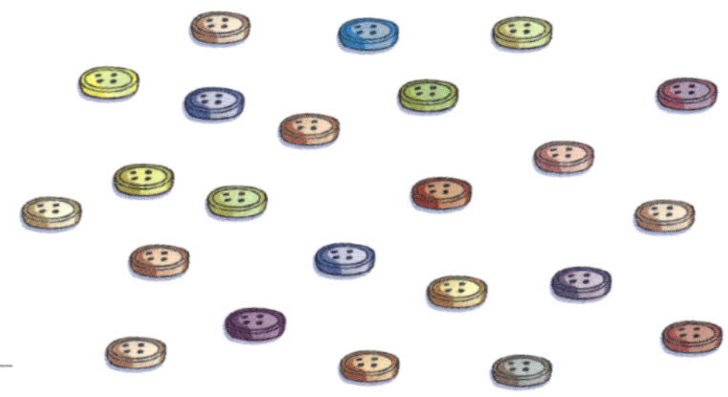

C

✓ Há quantos grupos de 10? ____________

✓ Quantos pássaros sobraram fora dos grupos? ____________

✓ Há quantos pássaros no total? ____________

2. Em cada caixinha, Everton guardou 10 clipes.

a) Há quantas caixas com 10 clipes? ____________

b) Quantos clipes estão fora das caixas? ____________

c) Há quantos clipes no total? ____________

Dezenas e unidades

1. Um grupo de 10 unidades é uma dezena. Veja:

1 dezena **mais 4 unidades**

- Agora, complete:

_____________ dezenas mais _____________ unidades

2. Cerque as dezenas e complete:

_____________ dezenas mais _____________ unidades

3. Complete:

a) Uma dezena tem _____________ unidades.

b) Três dezenas têm _____________ unidades.

c) Sete dezenas têm _____________ unidades.

4. Veja como José conta os brinquedos que encomendou:

- Agora, é sua vez de contar. Quantos são os brinquedos?

5. Cerque dezenas e complete:

a)

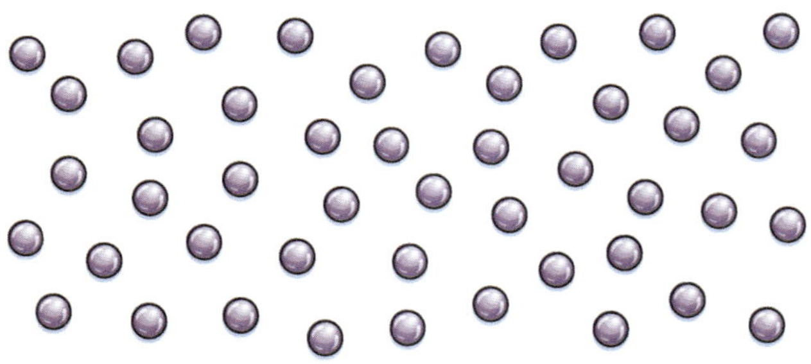

Dezenas	Unidades
	6

Total de bolinhas: ______

b)

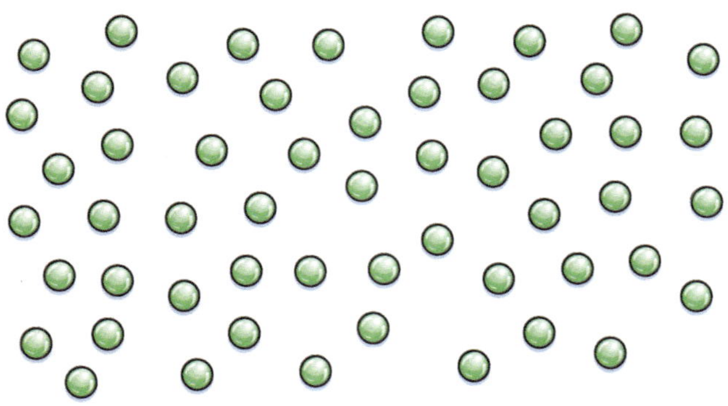

Dezenas	Unidades

Total de bolinhas: ______

A contagem do rebanho

Esta história se passou muito tempo atrás, em algum lugar da África.

O povo desse lugar criava gado. Para contar o rebanho, eram escaladas algumas pessoas que mostravam as quantidades com os dedos das mãos.

A cada animal que passava, o homem da direita, de roupa verde, levantava um dedo. Ao completar 10, ele recolhia seus dedos, e o amigo, de roupa amarela, levantava um dedo. Ao passar a próxima cabeça de gado, o amigo de roupa amarela continuava a mostrar um dedo e ele também mostrava um. No animal seguinte, o amigo continuava mostrando um dedo e ele mostrava dois. E assim prosseguia a contagem. Depois de muitos animais, eles poderiam estar assim:

Entendendo a história da contagem do rebanho

1. Veja se você entendeu a história da contagem do rebanho.

a) Você consegue explicar como era a contagem?

b) Na primeira cena, quantos animais os homens já haviam contado? ______

c) E na segunda? ______

2. Imagine que tenham passado 89 bois pelos contadores. Veja a cena:

a) Depois de passarem mais 2 bois, quantos dedos o homem de roupa verde deverá mostrar? ______

b) E o homem de amarelo? ______

c) Os dedos do homem de verde representam dezenas ou unidades? ______

3. Faça um desenho das mãos dos contadores no momento em que eles acabam de contar 99 animais. Capriche.

45. Dezenas e unidades

Veja uma maneira de representar dezenas e unidades:

Uma unidade

 Uma dezena

Vamos trocar 10 unidades pela barra de dez, que representa a dezena:

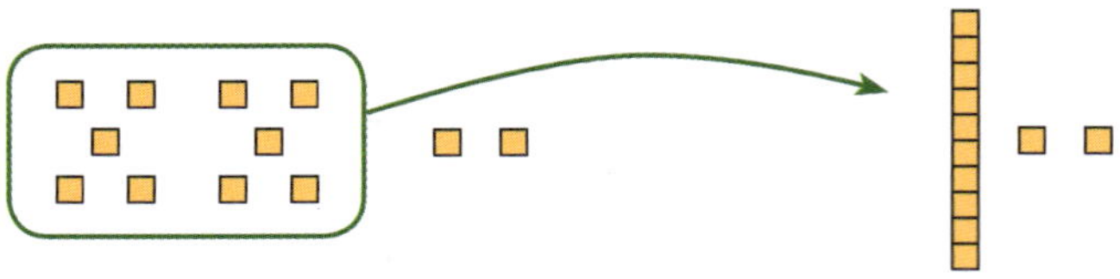

Ficamos com 1 dezena e 2 unidades. Isso representa o número 12.

1. Complete o desenho fazendo a troca.

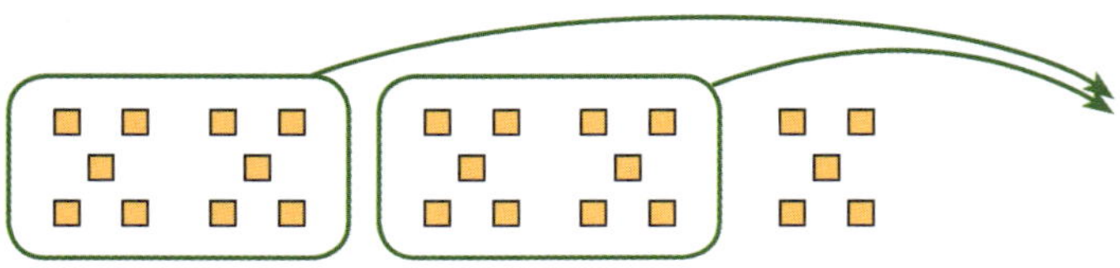

- Qual número foi representado acima? ______________

2. Faça a troca de unidades por dezenas, desenhando.

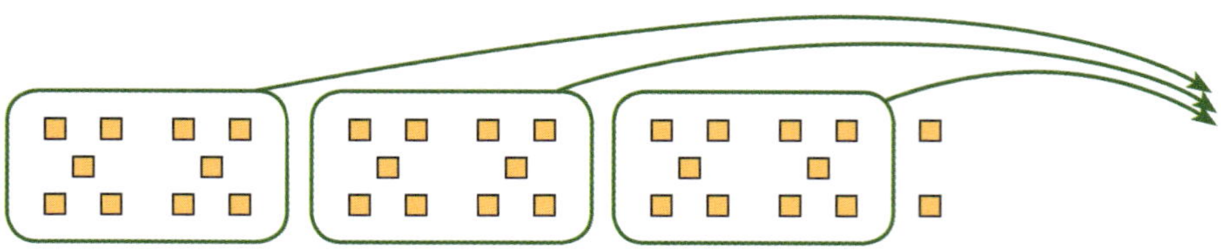

- Agora, complete:

  Antes da troca, havia ______________ unidades.

  Depois, ficamos com ______________ dezenas e ______________ unidades.

  O número representado é: ______________

3. Qual é o número representado em cada caso?

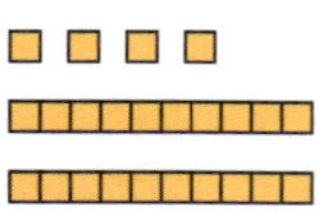 24

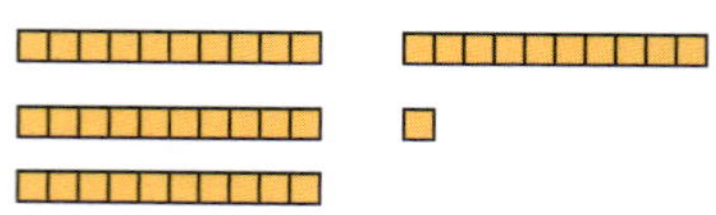 ______________

Dezenas, unidades e dinheiro

Cédulas de 10 reais e moedas de 1 real são como dezenas e unidades. Veja:

2 dezenas de real — 3 unidades de real

23 reais

1. Observe as duas quantias e complete:

São ______________ reais.

São ______________ reais.

- Imagine que juntamos as duas quantias e trocamos dez moedas de 1 real por uma cédula de 10 reais.
  Desenhe as cédulas e as moedas resultantes e complete:

  O total é ______________ reais.

2. Veja quanto dinheiro tinha cada irmã:

Jussara

Júlia

Joana

- Juntas, quantos reais elas têm? ______________________________

46. Pesquisa estatística

Esta é uma praça na cidade do faz de conta, onde as pessoas têm alguns bichos de estimação muito esquisitos.

Repare que há um pesquisador anotando qual é o bicho de estimação de cada pessoa. Foi uma fábrica de rações para animais que encomendou essa pesquisa. Você imagina por quê?

Conversar para aprender

a) Conte os bichos de estimação que aparecem na cena e preencha a tabela. Depois, responda: qual é o bicho de estimação preferido dessas pessoas?

b) Quais desses animais são mamíferos? Quais deles são aves?

c) Você já ouviu falar em pesquisa estatística? Sabe o que é?

d) O pesquisador que aparece nessa cena trabalha para uma grande fábrica de rações. Por que essa empresa quer saber qual é o bicho de estimação preferido das crianças?

e) A cena é imaginária. Jacaré não pode ser bicho de estimação. Por quê?

f) Macacos pequenos podem até não ser ferozes, mas também não devem ser bichos de estimação. Por quê?

1. Na classe de Rita, foi feita uma pesquisa para saber qual era o brinquedo predileto dos alunos. A professora fez uma tabela no quadro de giz, anotando um risquinho para cada aluno.

- Com base na tabela, complete o gráfico:

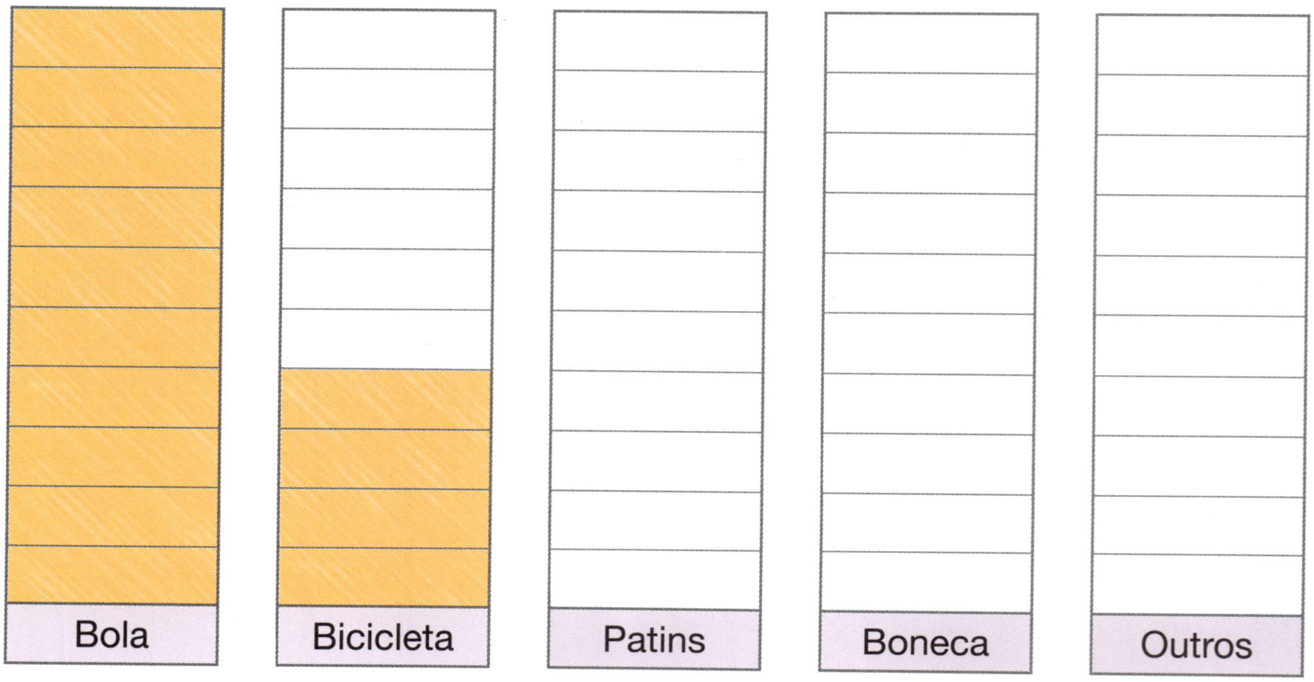

2. Agora, responda olhando o gráfico ou a tabela.

a) Qual é o brinquedo preferido dos alunos na classe de Rita? ________________

b) Quantos alunos participaram da pesquisa? __________

c) O que significa a palavra *Outros* na última coluna?

3. Invente uma pergunta com base no gráfico ou na tabela. Depois, responda-a.

____

____

____

47. Medidas de comprimento

Você já mediu comprimentos com palmos e passos.

Agora, conhecerá um padrão usado no mundo todo.

Vamos medir?

Conhecendo o metro

Nadir está comprando tecido. O vendedor usa uma barra de 1 metro para medir o pano.

Usamos o metro para medir os mais diversos comprimentos.

Você vai fazer uma pesquisa para conhecer melhor o metro.

a) Corte um pedaço de barbante com 1 metro de comprimento. Para isso, use uma fita métrica e peça ajuda a algum adulto.

b) Compare seu metro de barbante com alguns comprimentos, como a largura da mesa em que você almoça, o comprimento de seu cachorro (se você tiver um), a altura de um adulto etc.

c) Anote no quadro abaixo o que você descobrir nas comparações.

Comprimentos menores que 1 metro:
Comprimentos quase iguais a 1 metro:
Comprimentos com mais de 1 metro e menos de 2 metros:
Comprimentos com mais de 2 metros:

Medindo com régua

1. Para medir comprimentos, podemos usar a régua. Como a régua é dividida em centímetros, com ela obtemos medidas em centímetros.

- Quantos centímetros estão marcados na régua abaixo?

____

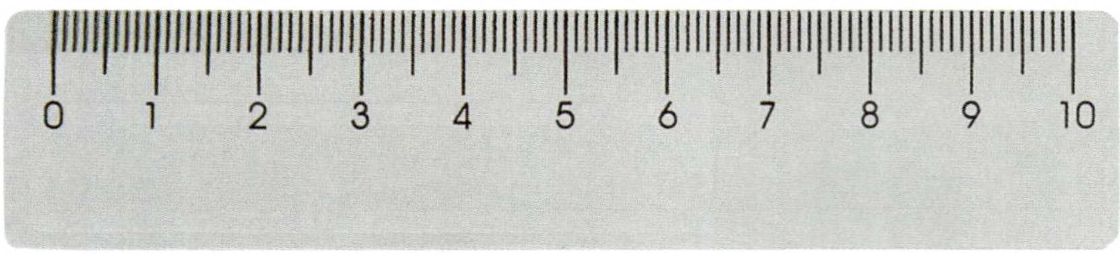

2. Quando você usa a régua, é preciso medir a partir da marca do zero. Veja como posicionar a régua para medir um lápis:

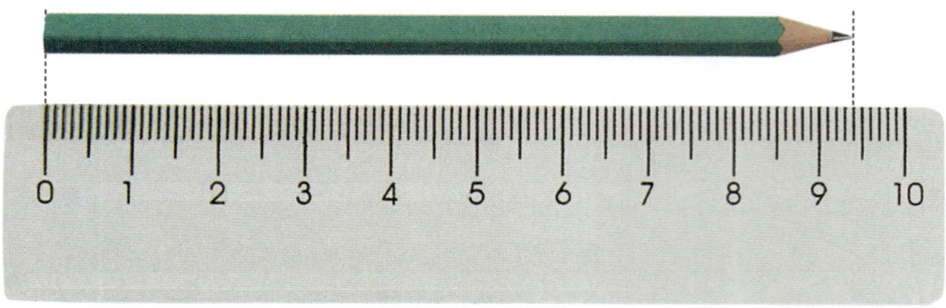

- Qual é a medida do lápis: 9 centímetros, 10 centímetros ou um pouco mais de 9 centímetros?

____

3. Use a régua e responda:

a) Quantos centímetros tem o maior de seus dedos? _______________

b) Quantos centímetros tem o menor de seus dedos? _______________

4. Agora, meça o lado mais curto e o mais comprido da capa deste livro.

a) O lado mais curto mede _______________ centímetros.

b) O lado mais comprido mede _______________ centímetros.

Medindo sem régua

1. A altura da peça de dominó ao lado é 2 centímetros:

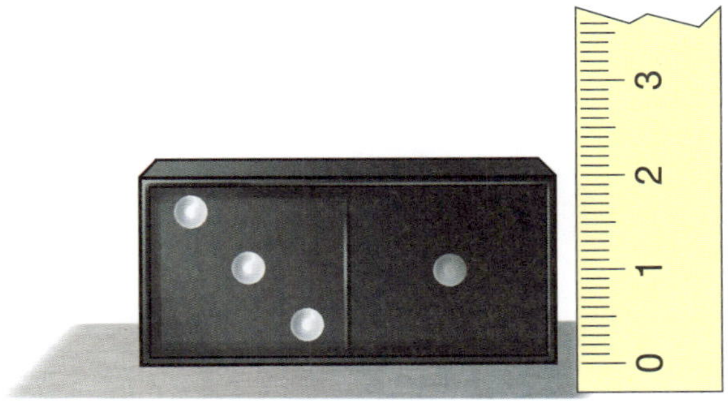

- Sem usar a régua, descubra a altura de cada pilha de peças.

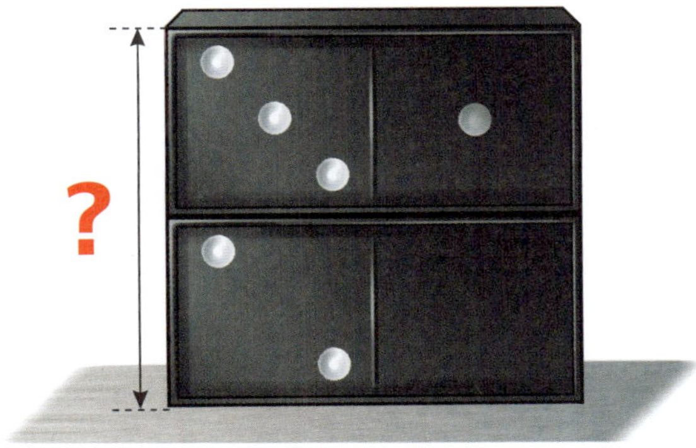

_______ centímetros

_______ centímetros

2. Observe:

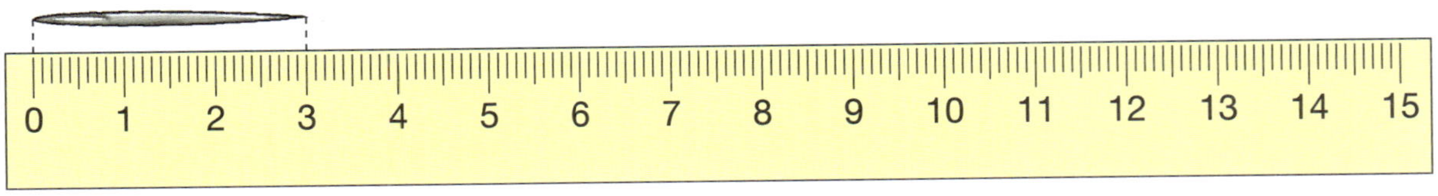

a) Qual é o comprimento da agulha? _______ centímetros.

b) Escreva o comprimento de cada fileira de agulhas.
Atenção: não vale usar a régua!

_______ centímetros

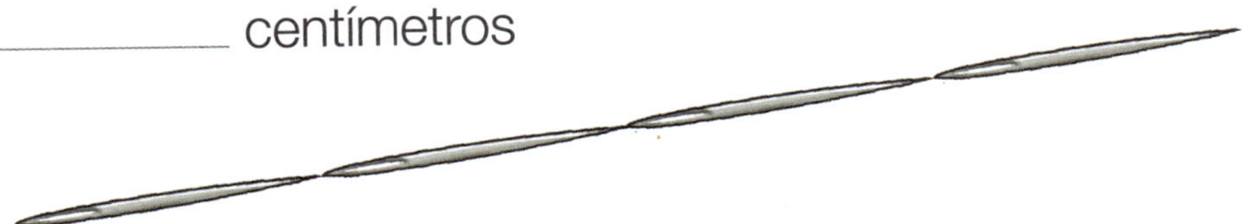

_______ centímetros

c) Qual seria o comprimento de uma fileira de 7 dessas agulhas? _______ centímetros.

48. Composição de formas

Que tal construir quebra-cabeças geométricos?

Vamos construir?

Compondo quadrados

1. Destaque os quatro triângulos da página 39 das **Folhas especiais**.
2. Junte os dois triângulos menores e forme este quadrado:

3. Agora, não é tão fácil! Junte três triângulos e forme outro quadrado. Faça o desenho do resultado.
4. Use os quatro triângulos e forme mais um quadrado. Faça o desenho do resultado.

Compondo formas variadas

Com as formas geométricas do quadro, fazemos o desenho pedido:

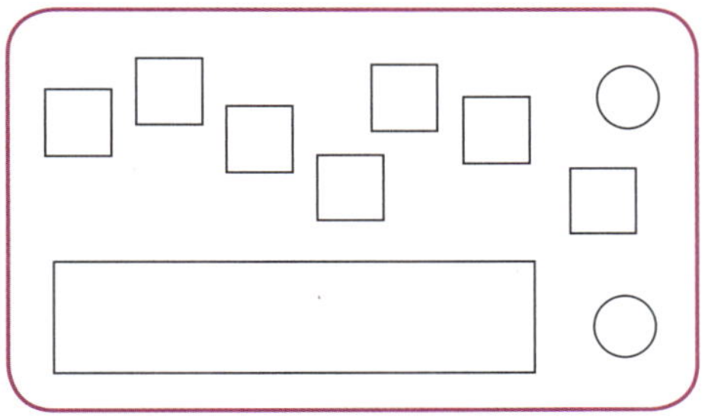

Faça um ônibus

- Agora, é sua vez. Faça e, depois, pinte o desenho:

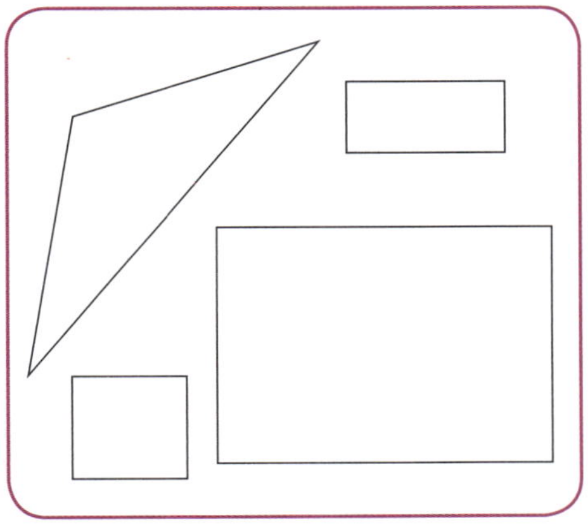

Faça uma casa

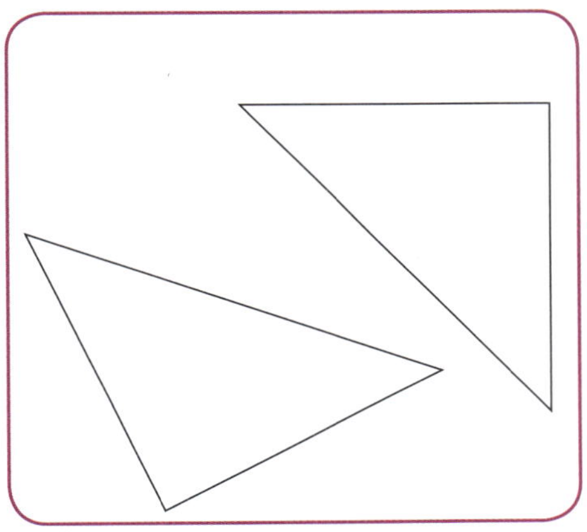

Faça um quadrado

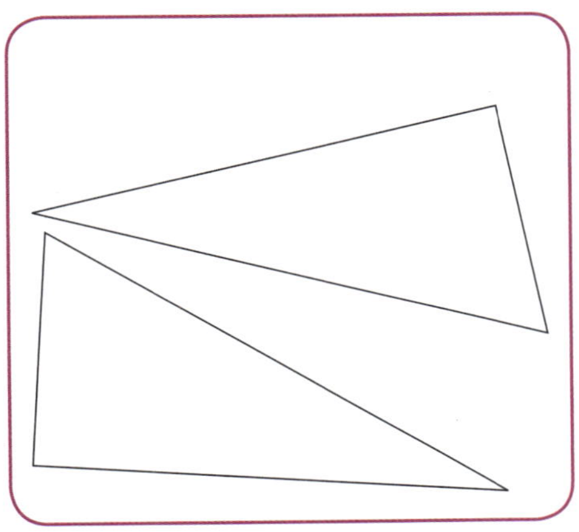

Faça um retângulo

49. Linhas retas e linhas curvas

1. Estas são **linhas retas**:

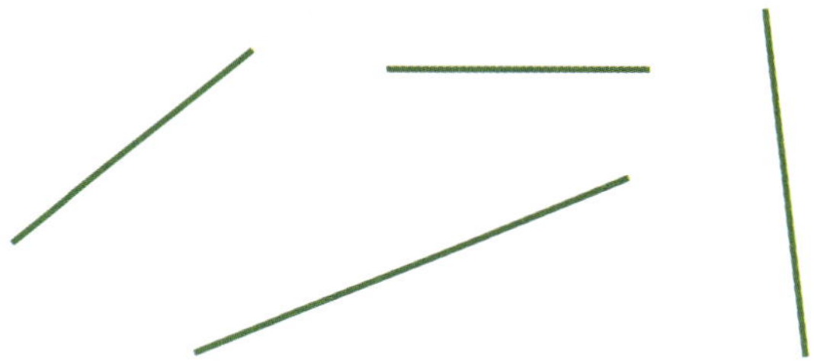

Estas são **linhas curvas**:

Na obra ao lado, o artista plástico Luiz Sacilotto usou apenas linhas retas.

- O que você acha que ele representou?

Concreção 9216, de Luiz Sacilotto, 1992.

2. Use a régua para ligar os pontos vermelhos com uma linha reta.

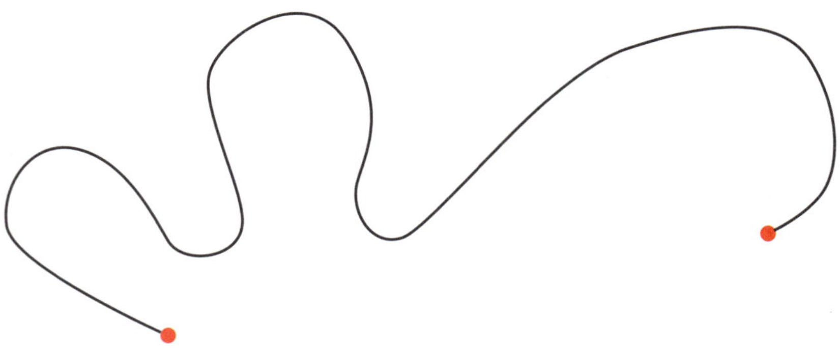

- Uma formiga vai de um ponto vermelho ao outro. Para se cansar menos, ela quer fazer o caminho mais curto. Qual é esse caminho: o da linha reta ou o da linha curva? Por quê?

3. O coelho quer comer a cenoura, mas não sabe nadar. Desenhe um caminho que ele possa percorrer para chegar até ela. Mas atenção: esse caminho só pode ter linhas retas!

4. Use a régua para ligar cada ponto com os outros dois.

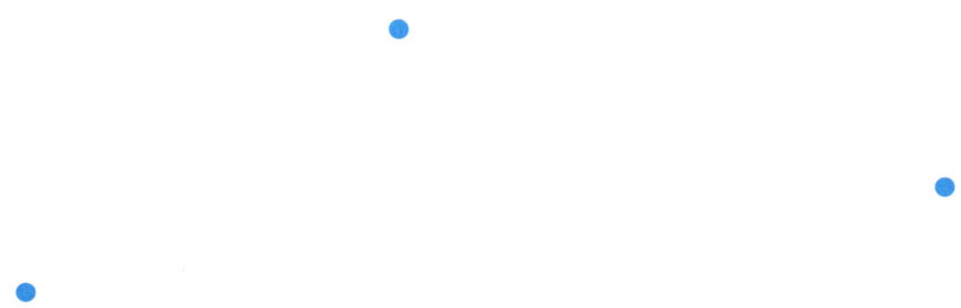

- Que forma geométrica apareceu? ______________________

5. Use a régua para ligar cada ponto com os demais.

- Quantas ligações você fez? __________

6. Pinte a parte interna das figuras formadas somente por linhas retas.

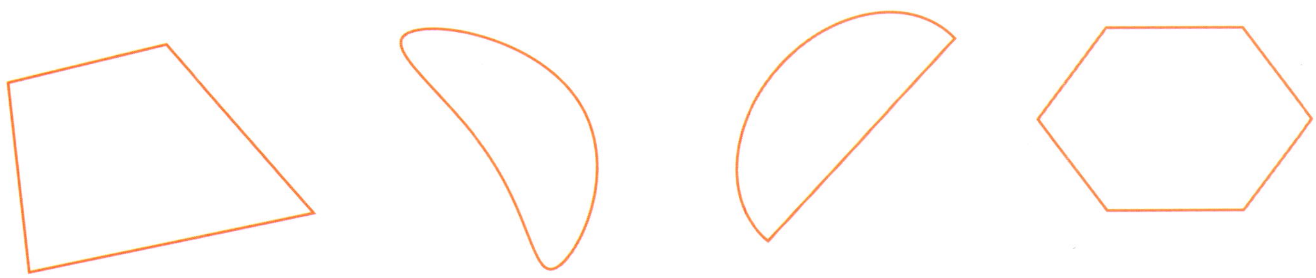

50. Cálculos e problemas

1. Veja a prateleira cheia de livros:

Pedro ia contar esses livros um por um, mas mudou de ideia.

Preferiu anotar em um papel a quantidade de livros que havia em cada parte da prateleira e depois fez uma adição. Veja:

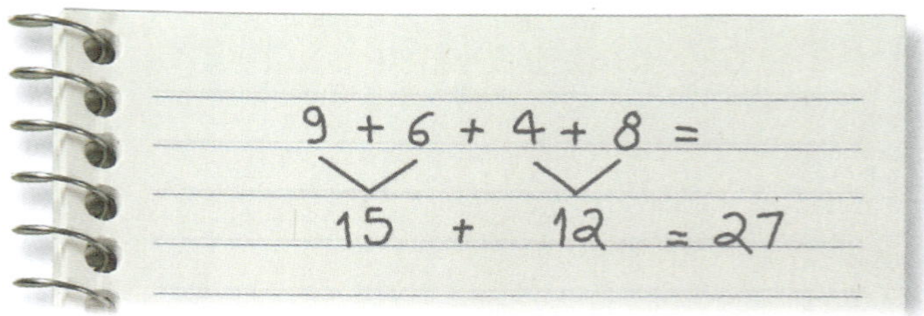

- Faça estas contas da mesma maneira que Pedro.

a) 5 + 7 + 11 + 4 =

_____ + _____ = _____

b) 10 + 6 + 9 + 4 =

_____ + _____ = _____

c) 13 + 2 + 7 + 3 =

_____ + _____ = _____

d) 5 + 12 + 9 + 4 =

_____ + _____ = _____

e) 11 + 7 + 3 + 8 =

_____ + _____ = _____

f) 19 + 3 + 15 + 3 =

_____ + _____ = _____

2. Você lembra o significado de **uma dúzia** e o de **meia dúzia**? Se não lembrar, dê uma olhada na página 122 deste livro e, depois, complete:

a) Duas dúzias são: 12 + 12 = _____

b) Duas dúzias e meia são: _____ + _____ + _____ = _____

c) Três dúzias são: _____ + _____ + _____ = _____

d) Três dúzias e meia são: _____ + _____ + _____ + _____ = _____

3. Nestor foi comprar uma bicicleta usada. Ele tinha seis cédulas de 10 reais, uma cédula de 5 reais e três moedas de 1 real. A bicicleta custava 47 reais.

a) Desenhe o dinheiro de Nestor, antes da compra.

b) Qual é a quantia total que Nestor tinha? ______________________

c) No desenho que você fez, cerque com uma linha a quantia que Nestor gastou ao comprar a bicicleta.

d) Quantos reais sobraram para Nestor? ______________________

e) Escreva uma conta para mostrar o que aconteceu com o dinheiro de Nestor. ______________________

4. Observe as cédulas e depois complete:

- Pegando somente duas cédulas, posso formar:

a) 7 reais com uma cédula de ____5____ e outra de ____2____.

b) 30 reais com uma cédula de ______________ e outra de ______________.

c) 70 reais com uma cédula de ______________ e outra de ______________.

d) 110 reais com uma cédula de ______________ e outra de ______________.

5. Agora, um desafio: se eu pegar todas as cédulas mostradas na atividade 4, qual será a quantia total que eu formarei? ______________________

A linha das idades

1. Maridelma está no 2º ano. Veja a linha com a indicação das idades dela e das pessoas de sua família.

- Agora, complete as frases e responda às questões.

  a) A avó tem ____________ anos.

  b) A mãe tem mais de 30 anos, e o pai tem ____________________ de 50 anos.

  c) A mãe tem mais de 35 anos? ____________

  d) E o pai, tem mais de 45 anos? ____________

  e) Quantos anos você acha que Maridelma tem? ______________________________

  f) E o irmão dela, quantos anos deve ter? ______________________________

  g) Maridelma mora com o pai e a mãe. Todas as crianças moram com o pai e com a mãe? ____________

2. Desenhe a linha das idades das pessoas de sua família. Não é preciso colar fotos. Basta escrever o nome de cada pessoa. E não se esqueça de você!

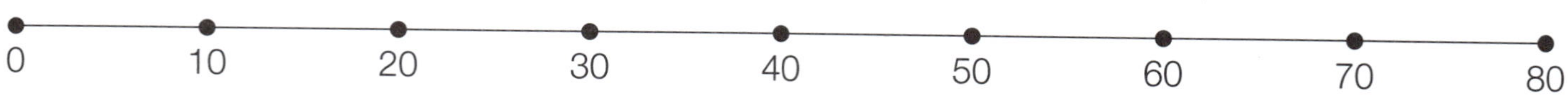

Cálculo mental

1. Veja como a menina pensa:

- Agora é sua vez! Efetue as subtrações mentalmente e complete:

15 − 8 = ______ | 13 − 7 = ______ | 13 − 6 = ______

12 − 5 = ______ | 15 − 7 = ______ | 16 − 9 = ______

2. Acompanhe a história e complete:

- Depois dessa compra, com quanto ela ficou?

  Ela ficou com ______ reais.

- Depois disso, com quanto ela ficou?

  Ela ficou com ______ reais.

Registros matemáticos

1. Logo cedo, quando o supermercado abriu, havia na prateleira os pacotes de macarrão que podemos ver na ilustração ao lado:

- Durante a manhã, foram vendidos 7 pacotes de macarrão.

  a) Quantos pacotes havia no começo do dia? __________

  b) Quantos pacotes restaram na prateleira no final da manhã? __________

  c) Usando Matemática, conte o que aconteceu com a quantidade de pacotes de macarrão. É só escrever uma conta. __________

- Na prateleira, também havia latas de molho de tomate. Durante a manhã, foram vendidas 4 latas. Escreva uma conta para mostrar quantas latas havia, quantas foram vendidas e quantas restaram. __________

2. Tashiro trabalha em uma farmácia. Como o estoque de cremes dentais estava acabando, ele encomendou 7 cremes da marca *Dente Branco*, 5 da marca *Bom Dente* e 8 da marca *Kidente*.

a) No total, quantos cremes dentais foram encomendados?

Responda escrevendo uma só conta.

____

b) Você sabe por que o creme dental é útil?

____

____

Veja se já sabe

Aprendendo Matemática, você está ampliando seu vocabulário. Mostre o que já sabe, completando as frases com palavras adequadas.

1. Uma ________________ de laranjas são 12 laranjas.

2. Dez unidades formam uma ________________.

3. Para escrever números, usamos estes dez ________________:

   0 1 2 3 4 5 6 7 8 9

4. Há números pares (como 14, 8 e 22) e números ________________ (como 17, 11 e 5).

5. Adição e ________________ são operações matemáticas.

6. Comparando números, dizemos que 3 é menor que 8, que 21 é ________________ que 12 e que 4 + 5 é ________________ a 9.

7. O dobro de 8 é 16, e a ________________ de 16 é 8.

8. O número 15 é maior que o número 12. Dizemos que a ________________ entre eles é 3.

9. Escolhendo apenas duas cédulas diferentes de nosso dinheiro, podemos formar, no mínimo, 3 reais e, no ________________, 150 reais.

10. Escreva os nomes destas formas geométricas:

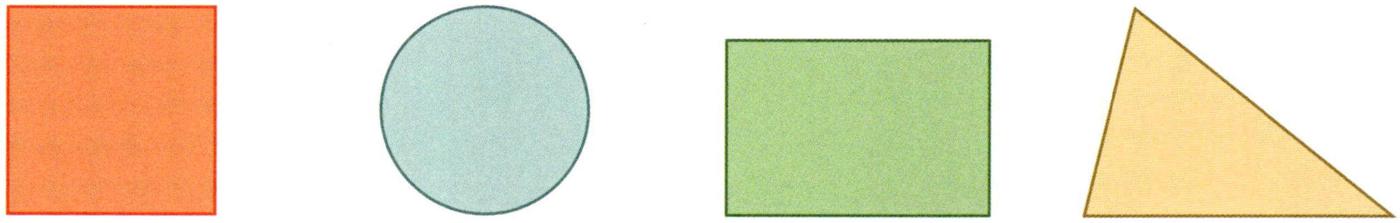

______ ______ ______ ______

______ ______ ______ ______

11. Um triângulo tem 3 lados e 3 ______.

Já um retângulo tem 4 ______ e 4 vértices.

12. Complete escrevendo *metro* ou *centímetro*:

Uma minhoca pode ter 13 ______ de comprimento.

Um automóvel pode ter 5 ______ de comprimento

e um caminhão pode ter 11 ______ de comprimento.

13. Na padaria, podemos pedir 1 litro de leite e 1 ______

de farinha de trigo.

14. O calendário de um ano mostra seus 12 ______

e indica quantos ______ tem cada mês.

Ele também mostra as semanas.

51. Maneiras de adicionar

1. Dino soma 15 com 27 pensando no dinheiro.

- Agora, é com você. Calcule mentalmente, como Dino.

16 + 18 = ______

16 + 16 = ______

16 + 20 = ______

25 + 12 = ______

25 + 18 = ______

25 + 26 = ______

36 + 11 = ______

36 + 14 = ______

36 + 27 = ______

2. Veja como Amelinha soma mentalmente.

- Agora, calcule como Amelinha.

11 + 15 = ______

12 + 12 = ______

11 + 12 = ______

14 + 14 = ______

15 + 12 = ______

15 + 14 = ______

16 + 14 = ______

15 + 15 = ______

17 + 15 = ______

3. Para somar 15 com 21, Manoel faz assim:

Note que ele juntou as dezenas e juntou as unidades.

De modo parecido, podemos fazer essa adição com lápis e papel juntando unidades e juntando dezenas.

Essa maneira de somar é usada por muitas pessoas, há muito tempo.

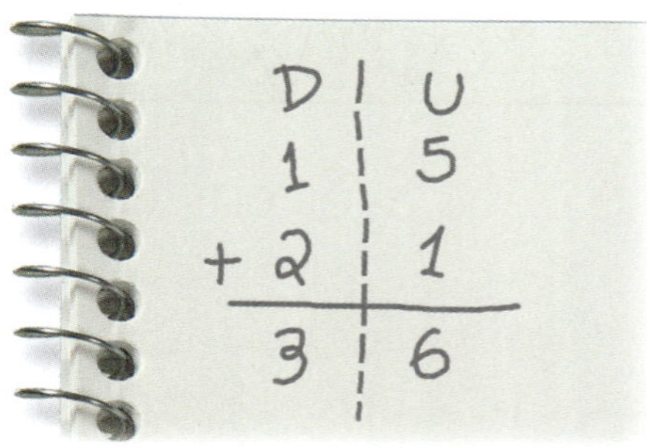

- Complete as contas:

a)

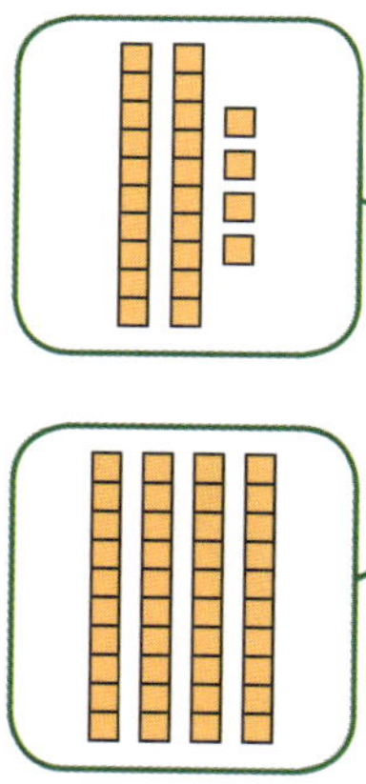

	D	U
	2	4
+		

b)

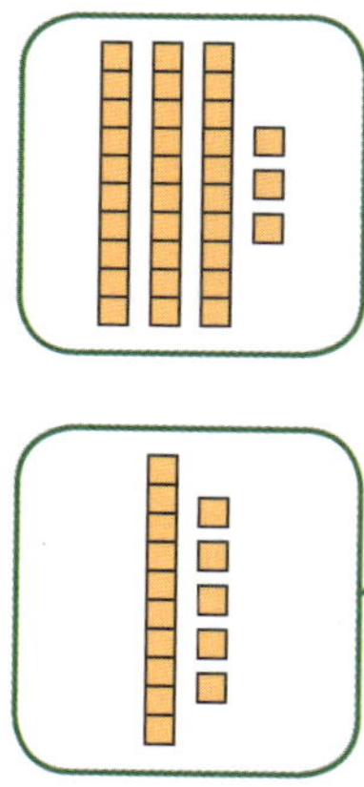

	D	U
+		

4. Faça as contas:

a)

	D	U
	2	5
+	3	2

b)

	D	U
	4	2
+	3	1

c)

	D	U
	2	7
+	3	0

d)

	D	U
	4	5
+	1	3

5. Observe os desenhos e complete as falas da moça.

- Agora, escreva a conta que dá o total do dinheiro da moça.

6. Siga as instruções dos quadros.

A Some 21 com 14. Registre a conta.

B Agora some com 42 o resultado obtido. Registre.

C Acrescente 22 ao último resultado. Registre.

D O resultado final das contas deve ser 99. Se você não chegou a esse número, volte e descubra em que parte se enganou.

7. Nestas contas, o resultado já foi dado. Complete cada conta.

a)

	D	U
	3	
+	3	2
	6	9

b)

	D	U
	1	2
+	5	
	6	7

c)

	D	U
	3	5
+		
	5	7

d)

	D	U
+	3	4
	7	9

52. Problemas

1. Escreva o número no visor da balança, no terceiro quadrinho. Como você encontrou esse número? Mostre a conta que você fez.

Conta

2. Marta foi a uma banca de jornais que ela frequenta há muito tempo. Ela só tinha 20 reais, mas comprou uma revista que custava 9 reais e outra que custava 14 reais. Há algo estranho nessa compra. Como Marta pôde comprar as duas revistas? Explique.

3. Este problema é diferente. Primeiro, complete-o com os números que achar corretos.
Depois, resolva e dê as respostas. Você pode fazer desenhos.

Mariana abriu um pacote com 20 bolachas e comeu ____________.

Gabriel abriu um pacote com 15 bolachas e comeu ____________.

a) Quantas bolachas sobraram no pacote de Mariana? ____________

b) Quantas sobraram no pacote de Gabriel? ____________

c) Ao todo, quantas bolachas sobraram nos dois pacotes? ____________

4. Maria fez 40 docinhos e agora quer colocar 10 em cada caixa para vender. De quantas caixas ela vai precisar?

- Ela precisará de ____________ caixas.

5. Eu estava participando de um jogo de trilha. Meu peão estava na casa 48. Então tirei 9 nos dados e cheguei a uma casa onde se lia: "VOLTE 11!". Em que casa foi parar o peão depois disso?

- O peão foi parar na casa de número ____________.

6. Veja os preços de alguns objetos de cozinha.

- Uma pessoa comprou três desses objetos e gastou R$ 30,00.

  Os objetos podem ser: ____,

  porque ________ + ________ + ________ = ________.

  E também podem ser: ____,

  porque ________ + ________ + ________ = ________.

Resolvendo com calculadora

1. Eva digitou [5] [8] na calculadora e o visor ficou assim: [58]. Depois, ela digitou [+] [3] [9] [=] e o visor ficou assim: [97].

Escreva a conta que ela fez. ______________________

2. Se o visor mostrar [97] e Eva digitar [+] [4] [=] como ele ficará?

[ ]

3. Responda às questões:

a) O visor mostra [56]. Quero que o visor mostre [46]. Que teclas devo apertar?

Para responder, complete os desenhos das teclas.

[–] [ ] [ ] [=]

b) Nesse caso, qual conta foi feita? ______________________

4. Complete:

- O visor mostra 56 de novo. Para o visor mostrar [45], posso apertar estas teclas:

[ ] [ ] [ ] [ ]

5. Escreva o número que estava no visor, no início.

a) [ ] [+] [5] [=] [22]

b) [ ] [–] [7] [=] [27]

53. O quilograma

1. Maria e Rúbia foram brincar na gangorra.
Maria tem 39 quilos, e Rúbia tem 31.
Veja o que aconteceu:

a) Qual das meninas é a mais pesada: a de camiseta vermelha ou a de camiseta amarela?

___

b) Qual das duas é a Maria?

___

c) Se você fosse brincar de gangorra com Rúbia, você ficaria embaixo ou no alto?

___

2. Você já ouviu a palavra **quilograma**? Quilograma é o que as pessoas chamam de quilo. Quando as pessoas falam em quilo? Para que serve o quilo?

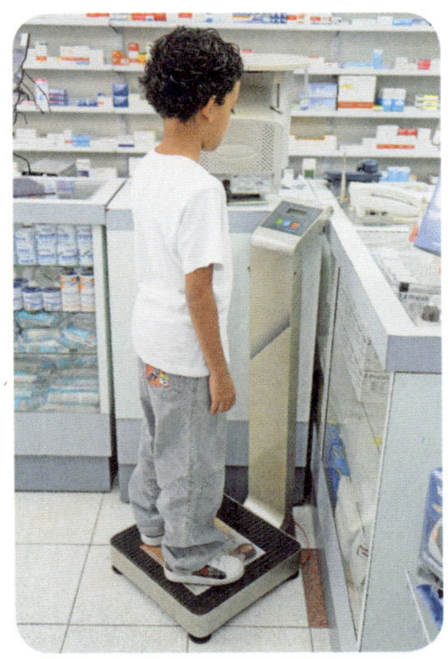

3. O menino tem 10 anos. Quanto você acha que ele tem aproximadamente: 100, 40 ou 10 quilogramas?

O menino deve ter ______ quilogramas, aproximadamente.

Vamos explorar?

Experiências com pesos

A professora vai apresentar alguns pacotes com pesos variados.
Segure um pacote de 1 quilograma em uma das mãos e algum outro objeto na outra mão para comparar, saber qual é o mais leve e qual é o mais pesado. Depois, complete a tabela.

Objetos com menos de 1 quilograma	Objetos com cerca de 1 quilograma	Objetos com mais de 1 quilograma

Problemas

1. Esta é uma balança antiga, de dois pratos. Em um dos pratos há um peso de exatamente 1 quilograma.

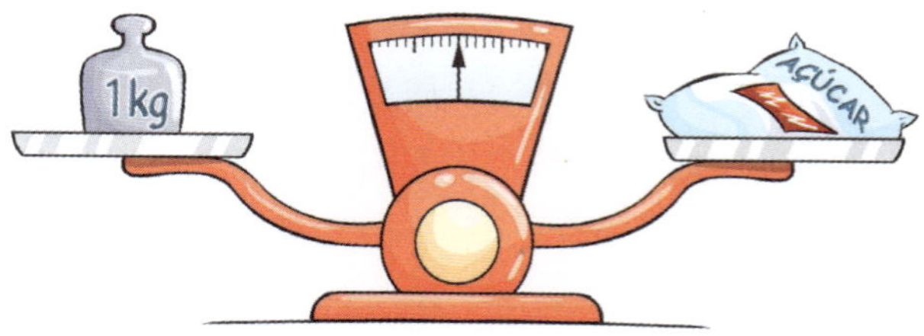

a) Note que a balança está em equilíbrio. Quanto pesa o pacote de açúcar? ______________________

b) Agora observe estes produtos.

✓ Quais têm 1 quilograma ou cerca de 1 quilograma? ______________________

____

2. Quanto deve pesar um elefante adulto: dois mil, cem ou vinte quilogramas?

____

Vamos explorar?

O peso da turma toda

1. A professora vai fazer no quadro de giz uma lista com os nomes de todos os alunos da turma. Na frente dos nomes, deverá ser escrito quantos quilogramas cada aluno tem. O quadro ficará mais ou menos assim:

Pronta a lista? Agora, imagine que toda a turma subisse em uma balança. Quanto marcaria essa balança? Para descobrir, é preciso fazer uma conta. Nesse caso, como a conta tem muitos números, convém usar uma calculadora.

- Quantos quilogramas tem a turma toda? ______________________

2. Agora, você vai fazer um gráfico mostrando quantas crianças de sua turma estão em cada faixa de peso.

Observe a lista no quadro de giz de sua classe e, com muita atenção, no desenho abaixo vá pintando um retângulo para cada criança. Veja que, conforme o peso, há uma coluna certa para pintar o retângulo.

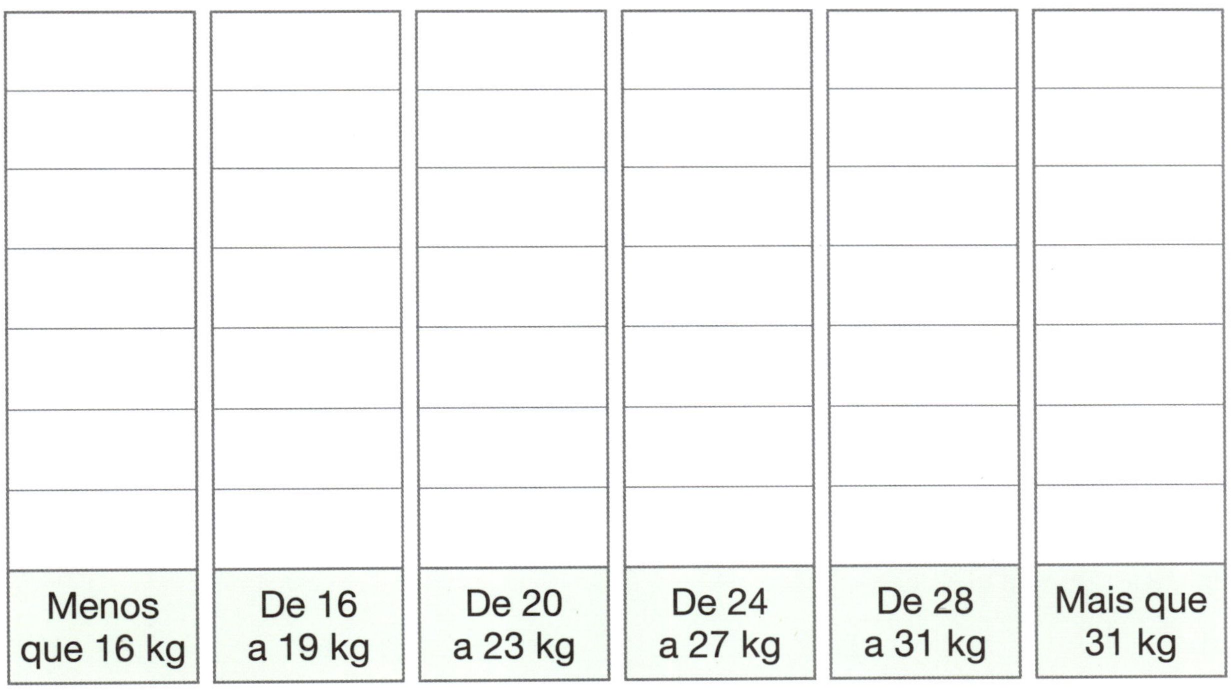

- Qual é a faixa de peso mais comum entre os alunos de sua turma? ______________________

54. Maneiras de subtrair

1. Veja como Ari subtrai mentalmente. Depois, faça as contas abaixo.

a) 68 − 12 = ________ **b)** 35 − 13 = ________ **c)** 74 − 13 = ________

2. Para tirar 12 de 37, Marina faz assim:

Ela tirou uma dezena das três dezenas iniciais e tirou duas unidades das sete iniciais.

De modo parecido, podemos fazer essa subtração com lápis e papel tirando unidades de unidades e tirando dezenas de dezenas.

Essa maneira de subtrair é usada há muito tempo.

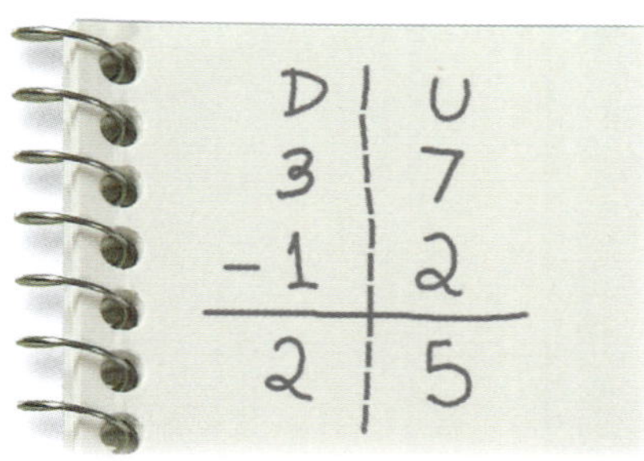

- Efetue as subtrações:

a)

	D	U
	8	4
−	2	2

b)

	D	U
	5	9
−	3	7

c)

	D	U
	7	8
−	1	7

d)

	D	U
	8	2
−	5	0

3. O pirata Pesadelo enterrou um tesouro em uma ilha.
Para não esquecer onde estava o tesouro, ele fez este desenho:

a) Faça as contas que o pirata anotou no desenho.

b) Compare os resultados das contas com os números circulados no desenho do pirata. Onde você acha que está o tesouro? Perto da bananeira? Ao lado da pedra grande?

____

4. Um menino resolveu numerar as páginas de seu álbum de figurinhas. Escreveu 1 na primeira página, 2 na segunda e continuou assim até a última, que recebeu o número 26. Quantas vezes o menino escreveu o algarismo 2?

____
____
____
____
____

5. Faça o seguinte:

- De 58, tire 25.
- De 65, subtraia 13.
- Some os dois resultados.

A última conta deu 85?
Se não deu, tente outra vez.

Refletindo mais

Caminhos

Às vezes, é importante escolher o caminho mais curto. Mas também pode ser importante analisar diferentes caminhos para ir de um lugar a outro.

Também nisso a Matemática nos ajuda.

1. **Este é o mapa de um bairro. As faixas cinza representam ruas. Neste bairro moram Carlos, Rita, Mário e Taís. O local de suas casas está indicado no mapa.**

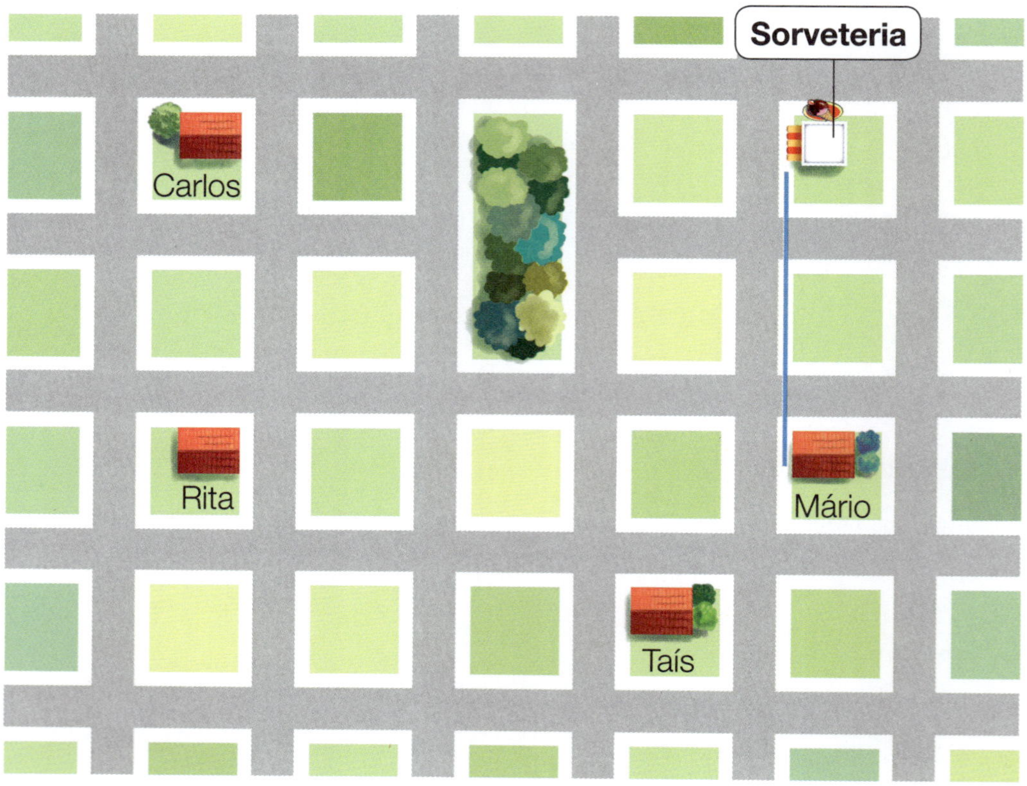

A linha azul indica o caminho mais curto que Mário pode fazer para ir de sua casa à sorveteria.

a) Usando uma régua, desenhe o caminho mais curto que cada uma das outras crianças pode fazer para ir de suas casas à sorveteria.

b) Qual das quatro crianças mora mais perto da sorveteria? ______________

c) Quem andará mais para ir à casa de Rita: Taís ou Carlos? ______________

2. O motobói vai sair para entregar 3 *pizzas*: uma para a casa A, outra para a B e outra para a C. Depois, ele voltará à pizzaria.

Esse entregador pode fazer muitos caminhos diferentes. Veja um deles:

- Com um lápis, trace três desses caminhos. Atenção: não vale percorrer duas vezes o mesmo trecho de rua.

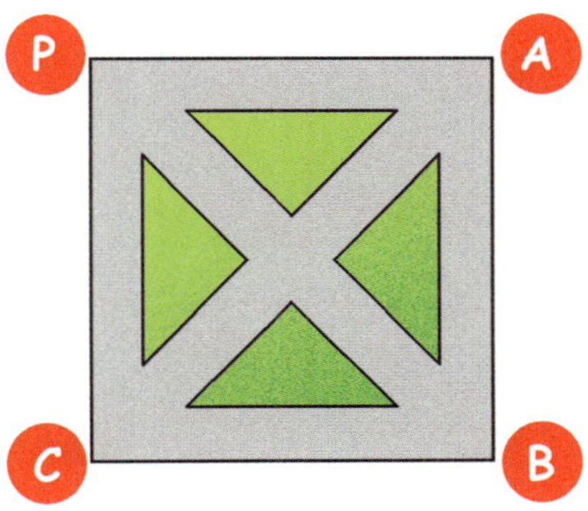

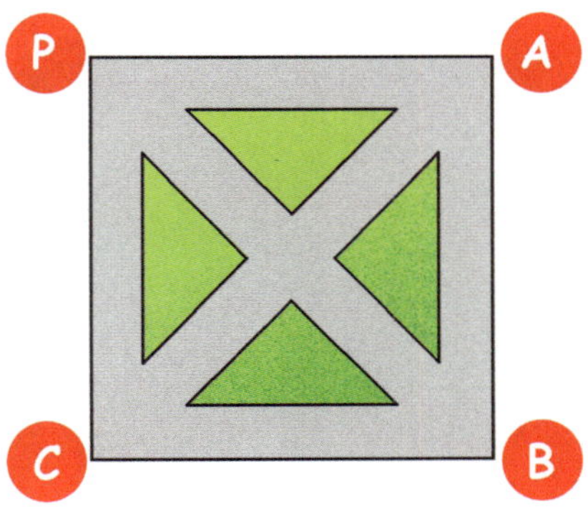

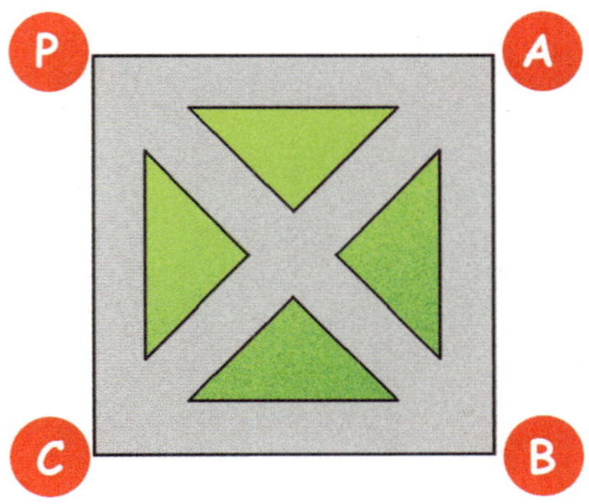

3. Nas grandes cidades, é comum ver ruas congestionadas por causa do grande número de veículos. Por isso, o trânsito fica lento. Nessas condições, para ir de um lugar a outro, nem sempre se escolhe o caminho mais curto. Você sabe explicar por quê?

UNIDADE 4

Veja a jogadora Êga da seleção brasileira de basquete em partida contra a Argentina.

Vista superior de uma quadra de basquete.

Primeiros contatos

1. Conte o que você sabe sobre o jogo de basquete.
2. Qual é a forma geométrica da quadra?
3. Quantos metros a quadra tem de comprimento? E de largura?
4. O que representa o esquema que o rapaz está mostrando a uma jogadora?
5. Imagine que uma jogadora da seleção brasileira fez uma cesta de 3 pontos. Depois, pela segunda vez, fez outra cesta de 3 pontos. E fez a terceira, a quarta e a quinta vez! Quantos pontos ela fez no total?
6. Agora, faça de conta que em uma parte do jogo a seleção argentina fez várias cestas de 2 pontos, 8 vezes seguidas! Quantos pontos essa seleção marcou nessa parte do jogo?

55. Simetria

O que você vê neste quadro? Você vê pássaros? Vê suas penas, bicos, asas?

Pássaros, de Milton Dacosta, 1963.

Ao pintar o quadro, o artista não quis fazer a forma real dos pássaros. Ele preferiu destacar a **simetria**.

Se você dobrar ao meio um desenho simétrico, um lado ficará justinho sobre o outro. No caso do desenho dos pássaros, os dois parecerão um só.

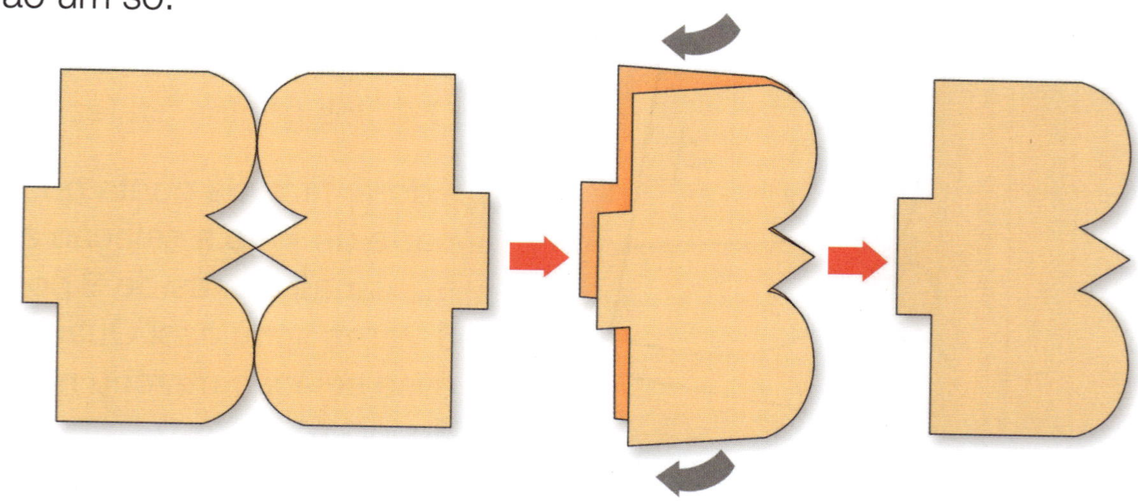

- O desenho deste avião tem simetria?

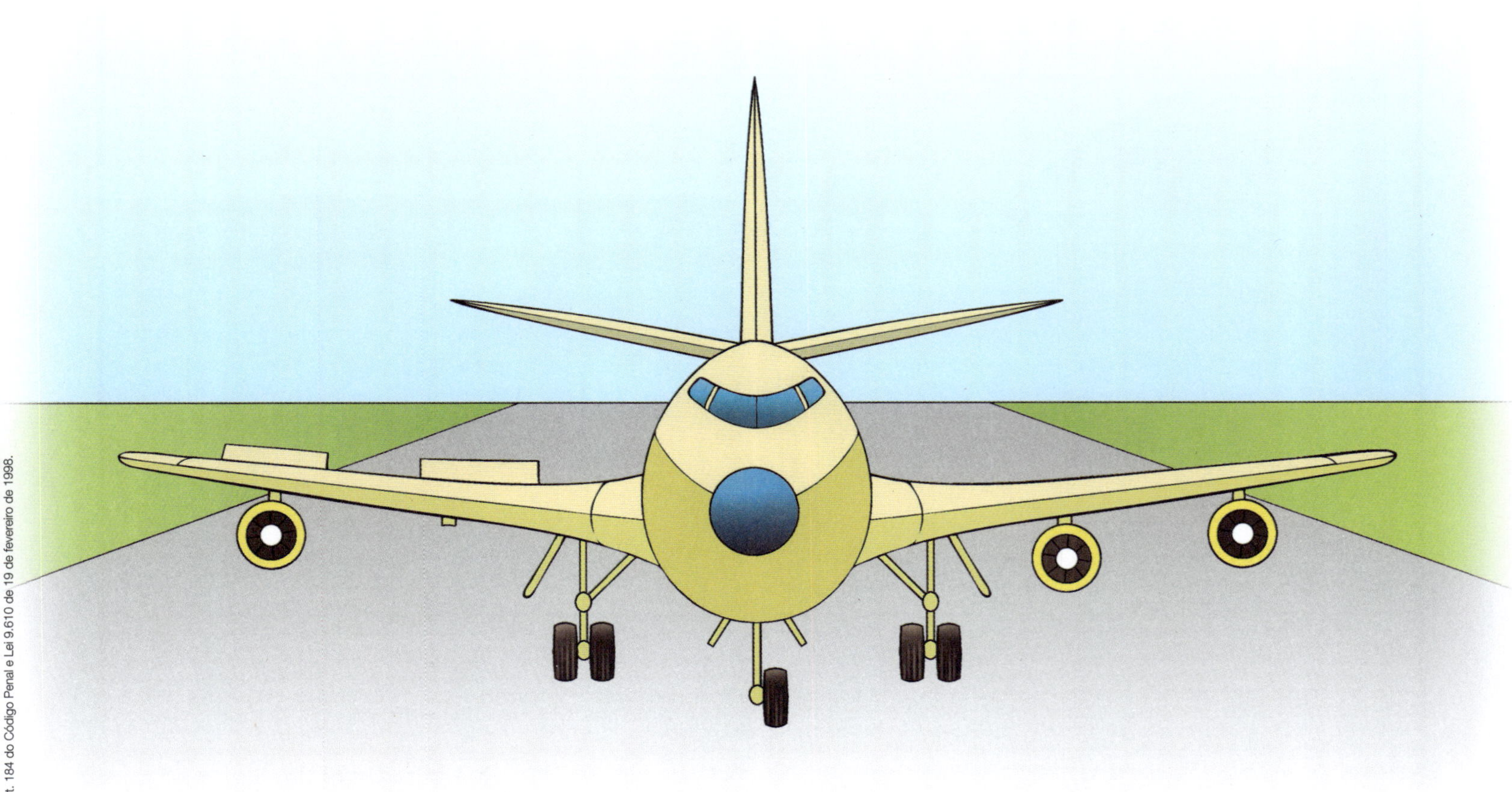

Conversar para aprender

a) Os aviões têm simetria. Se não tivessem, seria difícil voar. Mas o desenho acima não é simétrico. O desenhista se esqueceu de 4 detalhes. Quais são?

b) Acrescente ao desenho do avião as partes que faltam para torná-lo simétrico.

c) Uma pessoa vista de frente parece ter simetria. Explique por quê.

d) Em geral, as borboletas têm simetria. Por que podemos dizer isso?

e) A professora vai escolher duas crianças. Elas vão mostrar o que entenderam por simetria fazendo mímica.

Vamos construir?

Um bicho simétrico

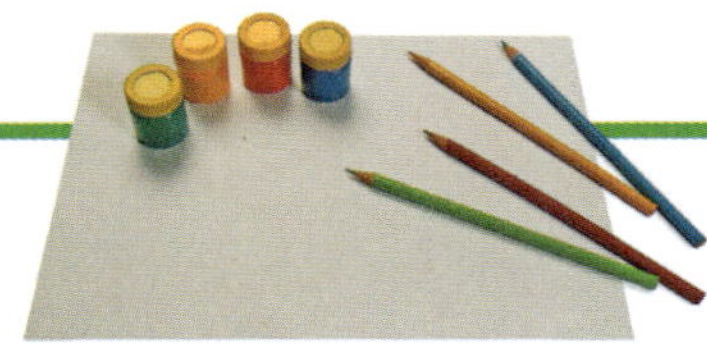

- Coloque um pouquinho de tinta de cores variadas no meio de uma folha de papel.

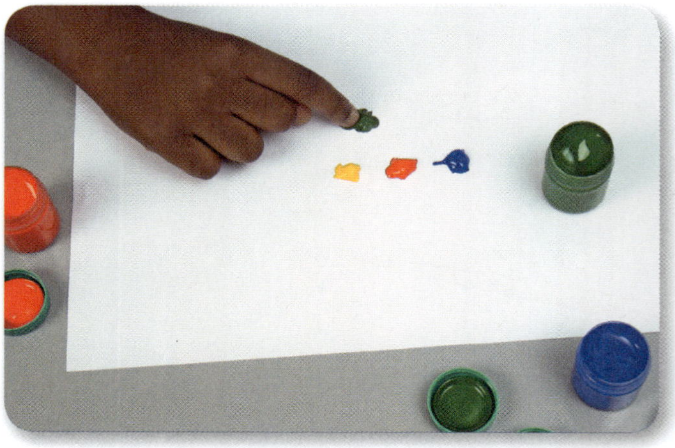

- Depois, dobre-a ao meio. Assim:

- Quando você desdobrar o papel, verá um borrão colorido. A linha de dobra é o eixo de simetria do borrão.
- Usando lápis de cor, complete o desenho do borrão para que ele vire um bicho simétrico. Um lado deve ser igualzinho ao outro. Veja:

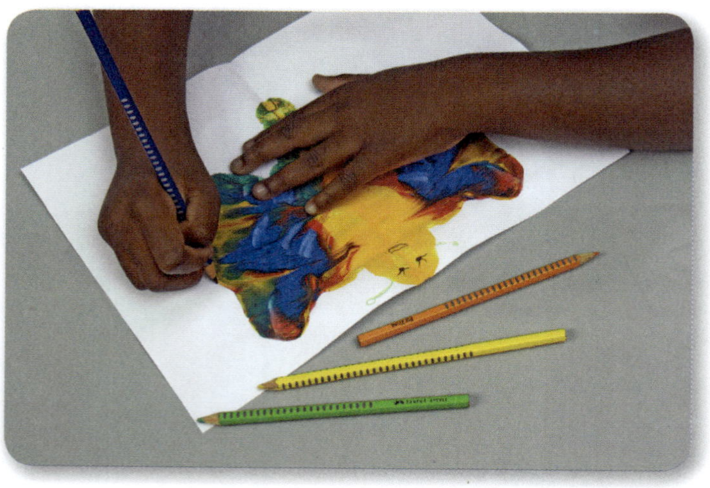

1. A linha reta azul é o eixo de simetria. Com a régua, desenhe a outra metade da figura. Depois, complete a pintura.

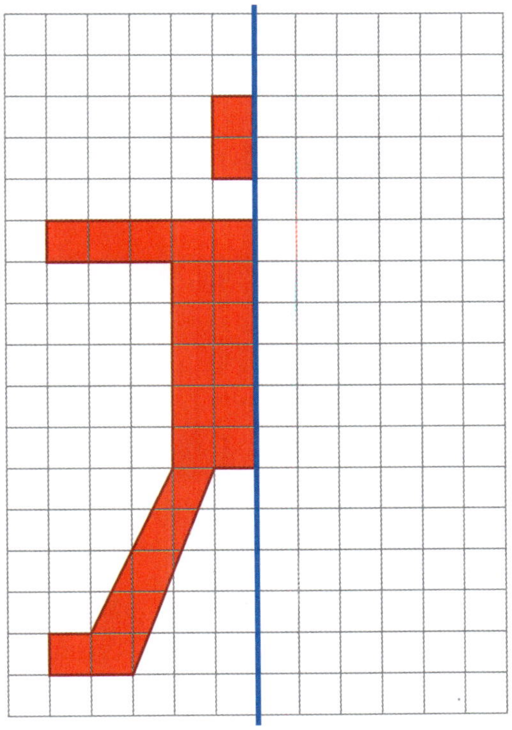

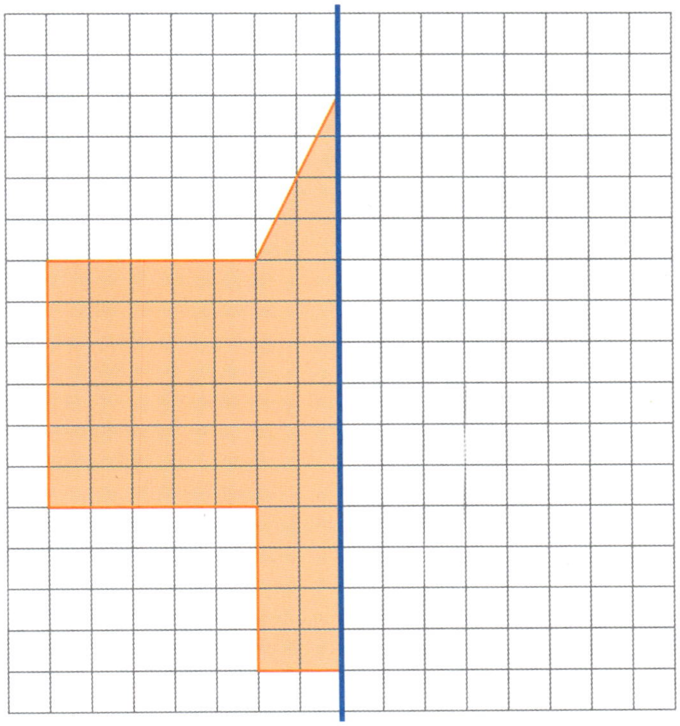

2. Pinte simetricamente.

56. A sequência numérica

1. Observe a sequência de presidentes do Brasil. Em certa época, o presidente era Itamar Franco. Depois, foi Fernando Henrique. Depois dele, veio Lula.

Presidente Itamar Franco, 1992.

Presidente Fernando Henrique Cardoso, 1998.

Presidente Luiz Inácio Lula da Silva, 2007.

Itamar foi o **antecessor** de Fernando Henrique, porque veio antes dele. Lula foi o **sucessor** de Fernando Henrique, porque veio depois dele.

a) Quem foi o sucessor de Itamar? ______________________

b) E quem foi o antecessor de Lula? ______________________

2. Entre os números, também há antecessores e sucessores.
O antecessor vem logo antes. O antecessor de 30 é 29.
O sucessor vem logo depois. O sucessor de 30 é 31.

- Complete a tabela:

Antecessor do número	Número	Sucessor do número
	9	10
	78	
58		
44		
		76
88		
	98	
0		

Além de cem

1. Leia o diálogo e complete os quadros.

101	cento e um
102	
103	
	cento e quatro

	cento e nove
	cento e doze
117	
	cento e dezenove

2. Nesta rua, os números das casas aumentam de 1 em 1.

a) Escreva os números das seis casas que vêm depois da casa 124.

____

b) Quais são os números maiores que 120 e menores que 123? ______________

c) Quando você voltar para casa, observe como são numeradas as edificações (casas e prédios) de sua rua. Depois, responda: os números aumentam de 1 em 1, como nas casas da figura, ou aumentam de outra maneira?

____

____

57. Moedas brasileiras

A cédula de menor valor em nosso dinheiro é a de 1 real.
Há também uma moeda com esse valor de 1 real.

Cédula de 1 real

Moeda de 1 real

E as coisas que custam menos que 1 real? Como podemos pagá-las? Nesse caso usamos centavos de real. Veja as moedas com valores em centavos:

1 centavo

5 centavos

10 centavos

25 centavos

50 centavos

Com 100 moedinhas de 1 centavo, formamos 1 real. Com 2 moedas de 50 centavos, também formamos 1 real. Há ainda outras maneiras de formar 1 real.

Conversar para aprender

a) Que coisas custam menos que 1 real? Vamos fazer uma lista?

b) Você conhece a moeda de 10 centavos. Quantas moedas de 10 centavos formam 100 centavos? E quantas formam 1 real?

c) Quantas moedas de 25 centavos formam 1 real?

1. Quanto dinheiro há em cada quadro?

__________ centavos

1 real e __________ centavos

__________ centavos

__________ centavos

2. Veja o dinheiro de Carlito:

a) Quantos centavos tem Carlito? __________

b) Quanto falta para Carlito ter 1 real? __________

3. Conte o dinheiro e complete:

__________ real e __________ centavos

__________ real e __________ centavos

__________ reais e __________ centavos

4. Veja como representar quantias em dinheiro e, depois, complete:

R$ 2,25 2 reais e 25 centavos	**R$ 0,05** 5 centavos

a) Três reais e cinquenta centavos: __________

b) Setenta e cinco centavos: __________

c) Um real e cinco centavos: __________

d) Doze reais e quinze centavos: __________

Vamos pesquisar?

Comparando números e preços

Nesta tarefa, você pode pedir ajuda a adultos ou a irmãos mais velhos. Se puder, vá a uma loja, mercearia ou supermercado para verificar os preços.

1. Pensando no preço, complete com o nome de um produto.

a) Menos que 1 real: ______

b) Mais que 1 real: ______

c) Mais que 1 real e menos que 5 reais: ______

d) Mais que 5 reais: ______

e) Mais que 5 reais e menos que 10 reais: ______

2. Veja o preço de um produto útil para nossa saúde:

3 reais e oitenta centavos

- Agora, pesquise e escreva o preço destes produtos:

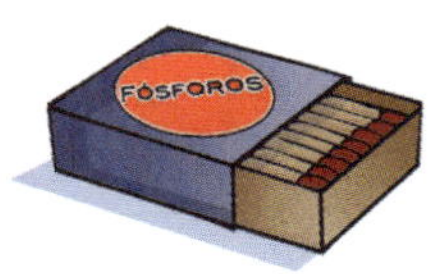

______ ______ ______ ______

3. Preencha a tabela com os nomes dos produtos da pesquisa da atividade 2. Atenção: cada nome em seu lugar!

Preço	Menos que R$ 1,00	Entre R$ 1,00 e R$ 10,00	Mais que R$ 10,00
Produto			

58. Multiplicação

Em uma partida de basquete entre Brasil e Coreia do Sul, Helen conseguiu fazer cestas de 3 pontos. Ela fez isso 4 vezes.

Jogadora Helen, da seleção brasileira de basquete, em partida contra a Coreia do Sul em 13 de setembro de 2006.

Em Matemática, essa situação pode ser representada assim:

3 + 3 + 3 + 3

Ou desta forma: 4 vezes 3

4 vezes 3 é uma multiplicação. Seu resultado é 12.

1. Mostre que você entendeu, respondendo às questões.

a) 3 vezes 5 é uma multiplicação. Qual é o resultado? ______

b) 3 vezes 6 corresponde a uma adição. Complete:

3 vezes 6 = ______ + ______ + ______

c) 2 vezes 8 é outra multiplicação. Qual é o resultado? ______

d) 2 vezes 8 corresponde a uma adição. Complete:

2 vezes 8 = ______

2. Veja a locomotiva e um vagão de um trem superveloz.

Agora, veja o trem inteiro.

a) Quantas rodas tem cada vagão ou a locomotiva? ______

b) Qual é a adição que dá o total de rodas desse trem?

______

c) Qual é a multiplicação correspondente a essa adição?

______

d) Calcule quantas rodas tem esse trem. ______

e) Cada vagão tem 20 janelas, sem contar a da porta. Para obter o total de janelas dos vagões, que multiplicação devo fazer?

______

Uma vez, duas vezes, três vezes...

1. A menina estava feliz e resolveu desenhar flores na lousa.

a) Uma vez 3 flores, quantas flores são? ______

b) Duas vezes 3 flores, quantas flores são? ______

c) Três vezes 3 flores, quantas flores são? ______

d) Finalmente, quatro vezes 3 flores, quantas flores são? ______

2. Desenhe 5 flores bem coloridas. Faça isso 3 vezes!

a) Três vezes 5 flores, quantas flores são? ______

b) Quatro vezes 5 flores, quantas flores são? ______

c) Cinco vezes 5 flores, quantas flores são? ______

59. Registro da multiplicação

1. Veja o que diz a professora:

- Percebeu qual é o sinal que indica vezes? Então, complete:

a) 5 vezes 3 = 5×3 = $3 + 3 + 3 + 3 + 3$ = 15

b) 3 vezes 2 = ______ = ______ = ______

c) 4 vezes 2 = ______ = ______ = ______

d) 4 vezes 3 = ______ = ______ = ______

e) 6 vezes 1 = ______ = ______ = ______

2. Cada quadro corresponde a uma multiplicação. Complete:

3 × ______ = ______

4 × ______ = ______

3. Uma bicicleta tem 2 rodas.

- Complete a tabela:

Número de bicicletas	Número de rodas
4	$4 \times 2 = 8$
5	
6	
7	
8	
9	

4. Veja o preço desta cesta.

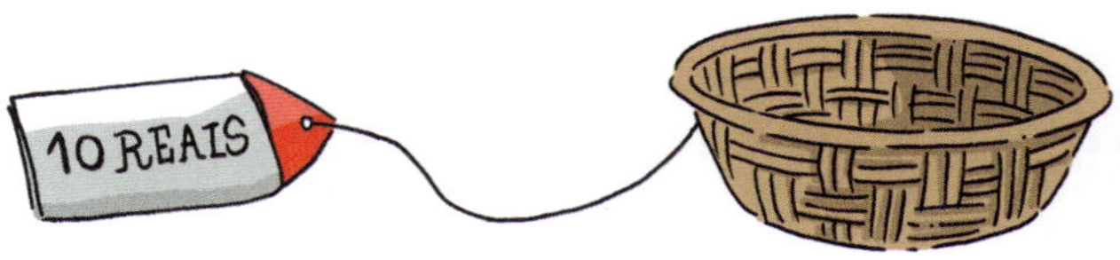

- Agora, complete a tabela:

Número de cestas	Preço em reais
1	$1 \times 10 = 10$
2	
3	
4	
5	
6	

5. Três grupos de 5 atletas, quantos atletas são?

3 × __5__ = ______ + ______ + ______ = ______

Nos três grupos há ______ atletas.

6. Em uma festa junina, você compra fichas e pode então trocá-las por doces ou usá-las em outras barracas da festa. Uma ficha vermelha vale 4 fichas azuis. Quantas fichas azuis valem 4 fichas vermelhas?

______ × ______ = ______ + ______ + ______ + ______ = ______

Quatro fichas vermelhas valem ______ fichas ______.

7. Uma joaninha tem 6 pernas. Quantas pernas têm 5 joaninhas?

______ × ______ = ______ + ______ + ______ + ______ + ______ = ______

Cinco joaninhas têm ______ pernas.

8. Cada cartela de fivelas contém 6 unidades. Quantas unidades há em 5 cartelas?

______ × ______ = ______ + ______ + ______ + ______ + ______ = ______

Em cinco cartelas há ______ fivelas.

60. Dobro e triplo

1. **Você se lembra de que o dobro de 10 é 10 + 10?**
Você também sabe que 10 + 10 é igual a 2 × 10, não é?
Por isso, a multiplicação também serve para achar o dobro.

Complete como no exemplo:

a) O dobro de 7 é 7 + 7 ou 2 × 7. O dobro de 7 é 14.

b) O dobro de 9 é ______ ou ______. O dobro de 9 é ______.

c) O dobro de 13 é ______ ou ______. O dobro de 13 é ______.

d) O dobro de 20 é ______ ou ______. O dobro de 20 é ______.

2. **Vamos achar o dobro fazendo desenhos de dezenas e unidades.**

a) Primeiro, representamos um número:

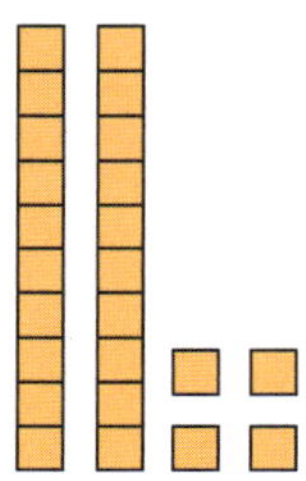

O número representado é ______.

b) Desenhe o dobro dessas dezenas e o dobro dessas unidades.

O número representado agora é ______.

3. **Observe os desenhos e complete:**

a) O número de latas de refrigerante é o dobro do número de ______.

b) O número de ______ é o dobro do número de maçãs.

4. Observe a cena e complete a sentença:

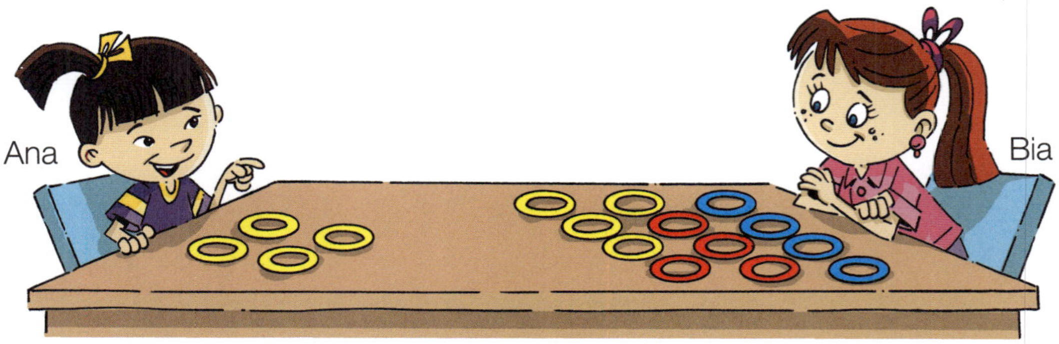

Ana tem 4 pulseiras. Bia tem o triplo dessa quantidade. O triplo de 4 é ________.

5. Complete:

a) O triplo de 2 é: __2__ + __2__ + __2__ = __3 × 2__ = __6__

b) O triplo de 4 é: ______ + ______ + ______ = ______________ = ______

c) O triplo de 5 é: ______ + ______ + ______ = ______________ = ______

d) O triplo de 11 é: ______ + ______ + ______ = ______________ = ______

6. Responda:

a) O dobro de 25 é duas vezes 25. E o triplo de 25 é quantas vezes 25? ______________________

b) 18 é o dobro ou o triplo de 6? ______________________

7. Observe os objetos sobre a mesa e complete:

a) O número de moedas é o triplo do número de ______________________.

b) O número de moedas é o ______________________ do número de selos.

61. Informação, números e gráficos

Os números dão muitas informações úteis. O peso e a altura de uma criança, por exemplo, são expressos por números. Eles informam se a criança está crescendo bem.

Para mandar uma carta, precisamos informar a rua em que a pessoa mora, o número da casa e o CEP, que é o Código de Endereçamento Postal, com oito algarismos. Com esses dados, o correio descobre exatamente onde mora a pessoa.

Todo adulto precisa ter uma carteira de identidade para não ser confundido com outras pessoas. Esse documento tem um número só dele.

Por isso, todos nós temos muitos números. Leia o que diz a professora.

Eu tenho um montão de números:
1 metro e 68 centímetros de altura, 59 quilos, 31 anos, o número do meu telefone é 1350-8712, moro na casa número 256, o CEP da minha rua é 04520-190, o número da minha carteira de identidade é 78 950 645, e ainda tem mais!

Conversar para aprender

a) Quantos algarismos tem o número de telefone da professora?

b) O que você acha: a professora é uma mulher alta ou baixa?

c) O DDD também é um código importante. Você sabe o que é?

d) Que outros números a professora pode ter?

1. Você também deve ter muitos números. Peça ajuda a um adulto para preencher esta ficha com seus números.

Ficha de dados

- Data de nascimento: ________ / ________ / ________
- Idade: ________ anos Peso: ________ quilos
- Altura: ________ metro e ________ centímetros
- Número da residência: ______________ Complemento: ________________
- CEP da rua: ___________________________________
- Número do telefone: ____________________________
- DDD da cidade: ________
- Número da certidão de nascimento: ________________________
- Número da carteira de identidade: _________________________

2. Agora, você deve escolher uma pessoa adulta e entrevistá-la para saber alguns números dela. Depois, complete:

Ficha de dados

- Nome da pessoa: ____
  ____
- Data de nascimento: ________ / ________ / ________
- Idade: ________ anos Peso: ________ quilos
- Altura: ________ metro e ________ centímetros
- Número da residência: ______________ Complemento: ________________
- CEP da rua: ___________________________________
- Número do telefone: ____________________________
- DDD da cidade: ________
- Número da carteira de identidade: _________________________

Gráficos e informação

Geralmente acompanhados de números, os gráficos também informam. Veja o gráfico que a professora de uma sala de 2º ano fez. Examinando-o, você fica sabendo de várias coisas.

Nesse gráfico, cada quadrinho corresponde a um aluno.

- Agora, responda às questões:

a) Nessa turma, quantos alunos calçam 29 ou 30?

____

b) Você sabe quantos alunos calçam 29?

____

c) Quais são os números de calçado mais usados nessa turma?

____

d) Se a pesquisa fosse feita em sua turma, os números de calçado mais usados seriam os mesmos?

____

e) Quantos alunos da sala participaram da pesquisa?

____

Vamos pesquisar?

O número de calçado mais usado

Na sua turma, qual será o número de calçado mais usado?
Vamos fazer uma pesquisa para descobrir.

- Complete a tabela com as informações que a professora colocar no quadro de giz.

Número de calçado	Menor que 27	27 ou 28	29 ou 30	31 ou 32	33 ou 34	Maior que 34
Número de alunos						

- Use os dados da tabela para construir o gráfico que mostrará os números de calçado mais usados em sua turma.

Menor que 27	27 ou 28	29 ou 30	31 ou 32	33 ou 34	Maior que 34

62. O cubo

Vamos construir?

Construindo e explorando um cubo

1. Destaque a planificação do cubo na página 41 das **Folhas especiais**.
Dobrando e colando essa figura, monte um cubo.
É parecido com o que você fez quando montou o dado.

2. Observe o cubo que você montou e responda:

a) Cada face tem uma cor. Quais são as cores?

____

____

b) Quantas faces tem um cubo? ____________

c) As faces têm forma de quadrado ou de retângulo?

____

d) Quantas faces tem uma caixa de fósforos? ____________

e) Na caixa de fósforos, as faces têm forma de quadrado ou de retângulo?

____

f) Uma caixa de fósforos tem forma de cubo? ____________

3. Pegue o cubo que você montou e coloque-o em cada uma das posições mostradas abaixo. Em cada caso, responda: qual é a cor da face de baixo?

______________________ ______________________ ______________________

4. Coloque o cubo na posição mostrada em cada foto.

a) Qual é a cor da face de cima? ______________________

b) Qual é a cor da face da frente? ______________________

5. No cubo que você montou, se a face laranja está em cima, a face vermelha fica embaixo.

Se a face azul está na frente, qual face fica atrás?

____

6. Conte pelo menos uma coisa que você aprendeu sobre o cubo.

Refletindo sobre cubos

1. Seu cubo tem comprimento, largura e altura, como se vê na figura ao lado. Pegue a régua e encontre quantos centímetros há no comprimento, na largura e na altura de seu cubo.

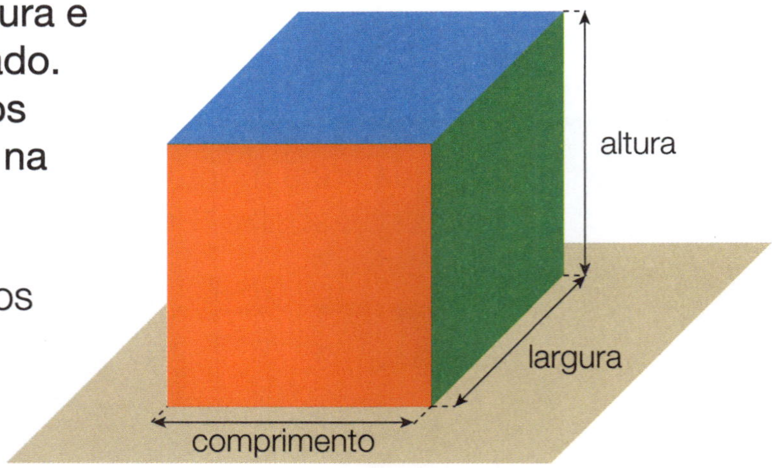

Comprimento: ________ centímetros

Largura: ________ centímetros

Altura: ________ centímetros

2. A professora vai fazer duas pilhas de cubos sobre a mesa. As pilhas serão parecidas com estas:

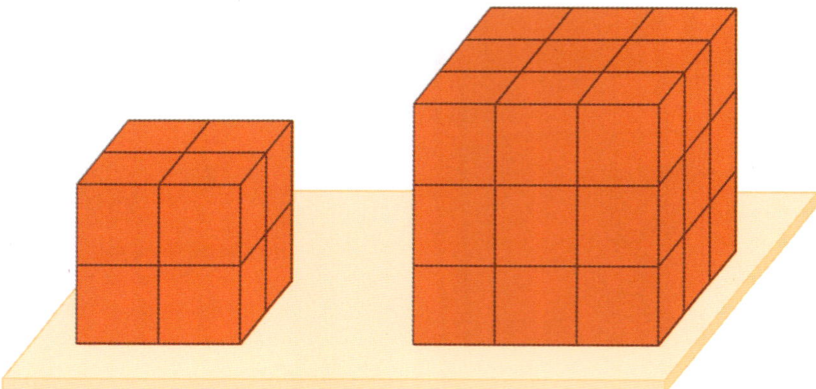

a) Qual é a forma dessas pilhas? É a forma de um cubo ou é mais parecida com a forma de uma caixa de fósforos?

____

b) Quantos cubos formam a pilha menor? E a maior? ________________

c) Olhe as pilhas bem de cima e desenhe a vista superior de cada uma. Pode ser à mão livre.

63. Duas cozinheiras e seus problemas

Alaíde e Ana são cozinheiras e amigas. Elas vendem salgados e doces para festas.

Com esse trabalho, Alaíde sustenta seus três filhos. O mais velho já tem doze anos e ajuda Alaíde. Ele entrega as encomendas de doces e salgados. Entretanto, ele não faz isso todo dia, pois sua mãe acha importante que ele estude e brinque.

Ana também é mãe. Tem três filhas. Mas elas não ajudam Ana, pois são adultas e cada uma tem seu emprego.

Conversar para aprender

a) Quantas são as pessoas mencionadas na história?

b) Qual é a profissão de Ana e de Alaíde?

c) Quem ajuda na entrega de encomendas?

d) Você acha que crianças devem trabalhar ou estudar? Por quê?

e) Será que Alaíde vive com o marido?

f) Quem será a mais velha? Ana ou Alaíde? Por quê?

g) Por que as filhas de Ana não ajudam a mãe?

1. Agora que você conhece Ana e Alaíde, faça um desenho dos filhos e das filhas das duas, todos juntos.

2. Ontem, Alaíde fez vários docinhos e colocou-os em 3 bandejas. Em cada bandeja, ficaram 25 docinhos. Quantos docinhos Alaíde fez ontem?

3. Hoje, Alaíde fez 24 pastéis e 23 coxinhas. Enquanto isso, Ana fez 32 pastéis. No total, quantos salgados elas fizeram?

4. Ana e Alaíde prepararam 97 cocadas. Mas que azar! Queimaram 23 cocadas. Quantas cocadas foram aproveitadas?

5. Em cada bolo pequeno, Ana coloca 3 ovos. Quantos ovos ela vai colocar em 5 bolos pequenos?

6. Ana e Alaíde receberam uma encomenda de 84 sanduíches. Se cada uma fizer 44 sanduíches, faltarão ou sobrarão sanduíches? Quantos sobrarão ou faltarão?

7. Estas crianças são sobrinhos e sobrinhas de Alaíde:

Eles foram visitar Alaíde e ganharam 5 bolinhos de chuva cada um para levar de lanche à escola. Quantos bolinhos de chuva a garotada levou?

8. Invente um problema de Matemática. Ele deve se referir aos doces e salgados que Alaíde e Ana fazem.
Lembre-se: todo problema de Matemática tem uma pergunta!
Depois de escrever o problema, você deve resolvê-lo.

Veja se já sabe

1. Uma das maneiras de efetuar adições e subtrações aparece nas contas ao lado.

a) Leia e complete:

Para fazer adições dessa maneira, adicionamos os algarismos das _________________ e, depois, os algarismos das _________________.

b) Efetue da maneira que mostramos:

53 + 24	37 + 61	76 − 25	79 − 46

2. Você já conhece a multiplicação. Encontre os resultados:

a) $4 \times 7 =$ __________

b) $3 \times 23 =$ __________

3. Quanto dinheiro você vê abaixo?

____

64. Divisão

1. Leia a história:

- Veja o cartaz que a menina mostra. Ela escreveu, com símbolos matemáticos, que 12 dividido por 4 dá 3. Agora, responda:

  a) A menina dividiu todas as figurinhas? ______________________

  b) Qual é o sinal que indica divisão? ______________________

  c) Na divisão $6 \div 2$, qual é o resultado? ______________________

2. Flaviano dividiu igualmente 21 biscoitos entre seus 3 sobrinhos. Para saber quantos biscoitos recebeu cada sobrinho, você pode fazer desenhos.

Depois, complete:

a) 21 ÷ ______ = ______

b) Cada sobrinho recebeu ______ biscoitos.

3. Tenho uma coleção de 27 gibis. Quero distribuir igualmente os 27 gibis em 3 pastas. Quantos devo colocar em cada pasta? Registre a conta e escreva a resposta.

a) 27 ÷ ______ = ______

b) ______________________________

4. Em uma livraria comprei 4 livros iguais e paguei no total 24 reais. Agora, descubra: quanto custou cada livro?

a) ______ ÷ ______ = ______

b) Cada livro custou ______ reais.

5. Descubra o resultado e complete a divisão abaixo.

a) 18 ÷ 2 = ______

b) Agora, escreva um problema para essa divisão. Lembre-se de que o problema deve ter uma pergunta.

____

____

____

____

____

____

____

____

A história da divisão justa

1. Leia a história:

Os bombons são de todos, mas os meninos querem reparti-los apenas entre eles.

Enquanto os meninos discutem, as meninas pegam metade dos bombons da caixa em silêncio. Pronto! É o fim da discussão.

- Conte como os meninos queriam dividir os bombons e o que aconteceu depois.

2. Responda:

a) Repare no que diz o menino de amarelo e descubra:

quantos são os bombons? ______________

b) Quantos bombons o menino de camiseta vermelha queria? ______________

c) Quantos bombons as meninas pegaram da caixa? ______________

d) No final, os bombons acabaram divididos igualmente entre todos. Com quantos bombons cada criança ficou? ______________

e) Para registrar a divisão desses bombons entre as 6 crianças, escrevemos: ________ ÷ ___6___ = ________

f) Seria justo os meninos dividirem os bombons só entre eles?

g) Você acha que as meninas agiram corretamente? Por quê?

h) Bombons são gostosos, mas chocolate demais não faz bem. Você sabe por quê?

65. As quatro operações

Diogo e Júlia, juntos, colecionavam as figurinhas de um álbum. Ele tinha 10 e ela, 6. Então juntaram todas, fizeram uma adição. Marquinhos não tinha nenhuma e começou a chorar. Deram 4 figurinhas para ele. Foi uma subtração.

Diogo e Júlia ganharam 3 novos pacotes, cada um com 6 figurinhas. Aqui aparece uma multiplicação!

a) E agora, quantas figurinhas têm os dois juntos? Você pode fazer desenhos. ___________

b) Diogo e Júlia vão repartir igualmente as figurinhas pelas 6 páginas de um álbum. Lá, eles vão colar as figurinhas. Mostre o resultado desenhando as figurinhas nas páginas do álbum.

c) A história que começou na página anterior fala de uma adição. Registre a adição.

____

d) Depois, aparece uma subtração. Registre-a.

____

e) Também há uma multiplicação na história. Qual é?

____

f) Diogo e Júlia dividiram as figurinhas entre as páginas de um álbum. Também poderiam ter repartido as figurinhas com seus amigos. Você reparte suas coisas com outras pessoas?

____

g) O título deste item é *As quatro operações*. Quais são as quatro operações matemáticas?

____

____

66. Medidas

Que horas são?

1. Você sabe que o ponteiro pequeno mostra que horas são. Se o ponteiro pequeno aponta para o 3, então são 3 horas. E se o ponteiro pequeno estiver bem no meio das marcas do 3 e do 4? Nesse caso, já são mais de 3 horas, mas ainda não são 4 horas. Pense nisso e complete.

3 e meia

2. O desenhista se esqueceu de fazer o ponteiro grande. Mesmo assim, é possível saber as horas. Que horas são?

3. Quando o ponteiro pequeno está bem no meio de dois números, para que número aponta o ponteiro grande?

4. Agora, usando régua, desenhe os ponteiros de cada relógio.

4 e meia

6 horas

11 e meia

O litro

1. Alguns alimentos são muito importantes, principalmente para as crianças. Um deles é o leite.

a) Por que o leite é um alimento importante? Cite um motivo.

____

____

b) O leite é um produto que compramos em litros. Observe os produtos que aparecem nas figuras a seguir. Depois, escreva quais deles compramos em litros.

____

2. Sua professora vai fazer uma experiência para descobrir o seguinte: um litro de água enche quantos copos comuns?

a) Na experiência que a professora fez em sua classe, um litro encheu quantos copos? ________________

b) Se os copos fossem maiores, o litro encheria mais ou menos copos? ________________

c) E se os copos fossem menores?

____

3. Quando preparava a festa de aniversário da sua filha, Elvira reparou que um litro de refrigerante enchia 6 copos de plástico. Dois litros vão encher quantos desses copos? E três litros?

4. A capacidade do garrafão maior é o triplo da capacidade do garrafão menor. Quantos litros de água cabem no garrafão maior?

Temperatura

Conversar para aprender

a) É verdade que os números podem dizer se está frio ou calor? Como?

b) O apresentador de TV falou em uma temperatura de 34 graus Celsius. Em símbolos, indica-se 34 °C. Você sabe o significado disso?

c) Que temperatura marcaria, agora, um termômetro em nossa sala de aula?

d) Em uma das imagens há um termômetro de rua mostrando que a temperatura é **menos oito graus Celsius**. Isso indica muito calor ou muito frio?

e) A mãe mediu a temperatura do menino. Você sabe dizer que temperatura o termômetro indica?

67. Problemas

1. Fábio procura uma calculadora. Leia as dicas e descubra em qual gaveta ela está.

Dicas!

- A calculadora não está em uma gaveta aberta.
- A gaveta de cor vermelha só contém lápis de cor.
- A calculadora não está na gaveta verde.
- A gaveta amarela só contém papéis.

2. Em um supermercado, 10 tampas de refrigerante de 2 litros podem ser trocadas por um brinquedo. Miraci levou 58 dessas tampas para trocar. Quantos brinquedos ela recebeu? Sobraram tampas?

____

____

3. Maria está contando suas moedas. Ela quer pegar um ônibus e a passagem custa 2 reais. Ela tem o suficiente ou falta dinheiro?

____

____

4. *Os problemas de Matemática sempre perguntam alguma coisa que a gente deve descobrir.*

Complete o problema abaixo escrevendo uma pergunta:

Gabriela tem sete moedas de 1 real e duas cédulas de 5 reais.

____

____

5. Lúcia vende jornais e revistas. Hoje ela já fez algumas vendas e está contando o dinheiro que recebeu.

a) Quanto Lúcia já recebeu? ______________________

b) Quanto falta para completar 20 reais? ______________________

6. Vendendo jornais e revistas durante todo o dia, Lúcia arrecadou 78 reais. Desse total, 44 reais foram recebidos à tarde. Quanto ela recebeu pela manhã?

7.

De manhã, Lúcia recebeu 4 pacotes de jornais. Em cada pacote, havia 12 jornais. Durante o dia todo, ela vendeu apenas 23 jornais. Quantos restaram?

8. A mãe foi comprar um par de tênis para o filho, mas eles não estão se entendendo. Veja:

a) O menino quer o par de tênis mais barato ou o mais caro?

____

b) A mãe tem R$ 200,00. Se ela comprar o par de tênis mais barato, quanto vai sobrar? _______________

c) E se ela comprar o par de tênis mais caro, quanto sobrará? _______________

d) Se os pares de tênis são quase iguais, você compraria o mais caro ou o mais barato? _______________

9. Observe estas três caixas. Elas estão cheias de lápis.

No total, quantos são os lápis? _______________

10. O relógio marca a hora em que a professora Marina chegou à escola pela manhã. Ela só foi embora 7 horas depois. Que horas marcava o relógio quando ela saiu?

____

Explicando o raciocínio

1. **Você não deve fazer nenhuma conta. Deve apenas explicar, quando a professora pedir, como resolveria cada problema.**

a) A escola em que Romildo estuda tem 266 alunos. Hoje, 19 alunos faltaram. Quantos alunos estão na escola hoje?

b) Girafino é uma girafa macho. Ele adora gravatas. No dia de seu aniversário, ele ganhou meia dúzia de gravatas de sua namorada e uma dezena de gravatas de sua mãe. Quantas gravatas Girafino ganhou?

c) Cátia saiu de casa com R$ 35,00. Gastou R$ 9,80 na floricultura e R$ 3,75 na padaria. Quanto lhe sobrou?

d) João colheu 18 jabuticabas. Ao chegar em casa, sua mãe disse:

— Divida as jabuticabas igualmente entre você e seus irmãos.

Sabendo que João tem dois irmãos, com quantas jabuticabas cada um deve ficar?

2. **Outra vez, você não deve fazer contas. Apenas examine os preços e escreva para cada lista de compras se o gasto é maior ou menor que 10 reais.**

Supermercado

1 quilo de carne – R$ 5,00
1 pacote de arroz – R$ 3,50
1 litro de óleo – R$ 1,40
1 queijo – R$ 3,20

Feira

1 dúzia de laranjas – R$ 1,50
1 couve-flor – R$ 2,50
1 quilo de tomate – R$ 2,50
2 pés de alface – R$ 1,20
5 peras – R$ 3,50

- Depois, quando a professora pedir, explique como você descobriu a resposta.

68. Multiplicação

1. Veja o exemplo: $2 \times 0 = 0 + 0 = 0$

- Agora, faça como no exemplo:

a) $2 \times 1 =$ ______ = ____
b) $2 \times 2 =$ ______ = ____
c) $2 \times 3 =$ ______ = ____
d) $2 \times 4 =$ ______ = ____
e) $2 \times 5 =$ ______ = ____
f) $2 \times 6 =$ ______ = ____
g) $2 \times 7 =$ ______ = ____
h) $2 \times 8 =$ ______ = ____
i) $2 \times 9 =$ ______ = ____
j) $2 \times 10 =$ ______ = ____

2. **Complete as sentenças:**

a) Um automóvel tem 4 rodas. Dois automóveis têm ______ rodas.
b) Duas moedas de 5 centavos formam ______ centavos.
c) Uma semana tem 7 dias. Duas semanas têm ______ dias.
d) Duas moedas de 10 centavos formam ______ centavos.

3. **Responda às perguntas registrando uma multiplicação.**

a) Quatro moedas de 5 centavos, quantos centavos são?

______ × ______ = ______

b) Três moedas de 10 centavos, quantos centavos são?

______ × ______ = ______

4. **Escreva cada multiplicação como uma adição. Depois, dê o resultado.**

a) $4 \times 10 =$ ______ = ____
b) $4 \times 11 =$ ______ = ____
c) $5 \times 7 =$ ______ = ____

5. Complete a tabela:

×	0	1	2	3	4	5	6	7	8	9	10
3			6			15					

6. **Observe cada algarismo das unidades nos resultados que apareceram na tabela da atividade 5.**

Complete a sequência com esses algarismos, na ordem em que apareceram.

0, 3, 6, ____, ____, 5, 8, ____, ____, ____, ____

7. **Ligue os pontos na ordem em que apareceram na sequência da atividade 6. Vai surgir uma figura interessante.**

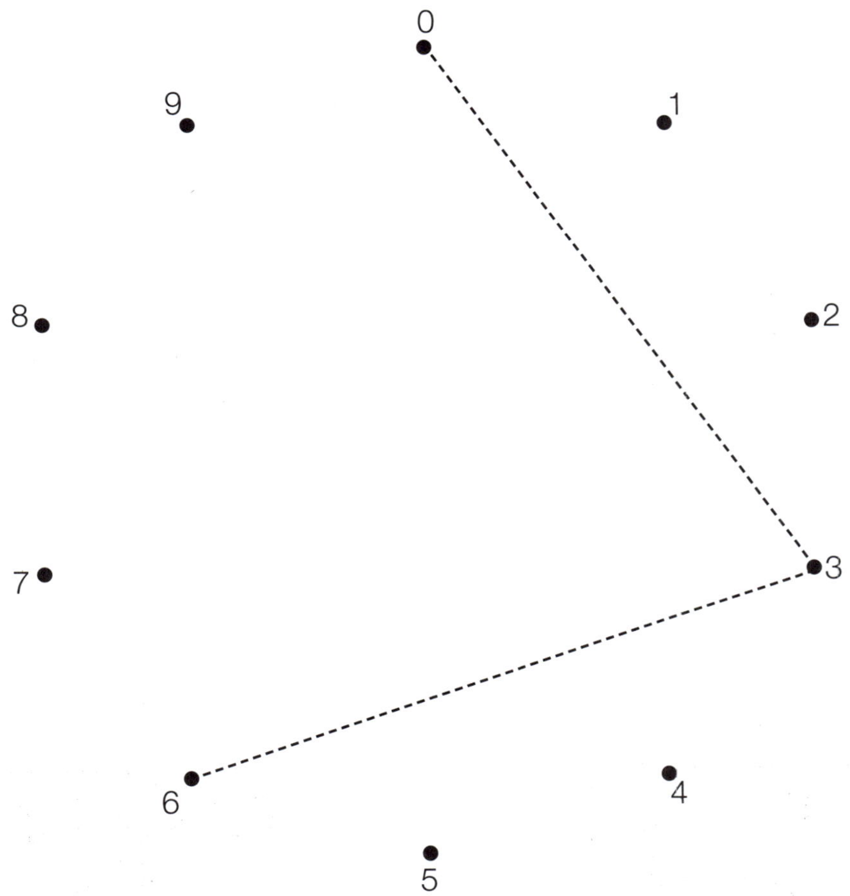

- Descreva como é a figura que apareceu.

____

____

____

8. Observe o exemplo: $4 \times 0 = 0 + 0 + 0 + 0 = 0$

- Agora, faça como no exemplo:

a) 4×1 = ______________________ = ______

b) 4×2 = ______________________ = ______

c) 4×3 = ______________________ = ______

d) 4×4 = ______________________ = ______

e) 4×5 = ______________________ = ______

f) 4×6 = ______________________ = ______

g) 4×7 = ______________________ = ______

h) 4×8 = ______________________ = ______

i) 4×9 = ______________________ = ______

j) 4×10 = ______________________ = ______

9. Complete a sequência com os resultados obtidos na atividade 8.

×	1	2	3	4	5	6	7	8	9	10
4	4	8	12							

10. Responda registrando uma multiplicação.

Cada cartela deste remédio contém 6 comprimidos.

Quantos comprimidos há em 4 cartelas?

______ × ______ = ______

Estes adesivos são vendidos em cartelas com 8 unidades.

Quantos adesivos há em 4 cartelas?

______ × ______ = ______

11. Escreva cada multiplicação como uma adição.
Depois, dê o resultado.

a) 7×2 = _______________________________________ = ________

b) 5×6 = _______________________________________ = ________

c) 2×12 = _______________________________________ = ________

12. Leia com atenção:
Bia tem 5 anos. Vera tem o dobro da idade de Bia.
Clara tem o triplo da idade de Vera.

- Agora complete:

  a) Idade de Vera: ________ × ________ = ________

  b) Idade de Clara: ________ × ________ = ________

  c) Vera tem ________ anos e Clara tem ________ anos.

  d) ________________ é mãe de Bia e de ________________.

13. Complete a tabela:

×	0	1	2	3	4	5	6	7	8	9	10
5		5				25	30				

14. Quantos quadradinhos há em cada quadro? Responda com uma multiplicação.

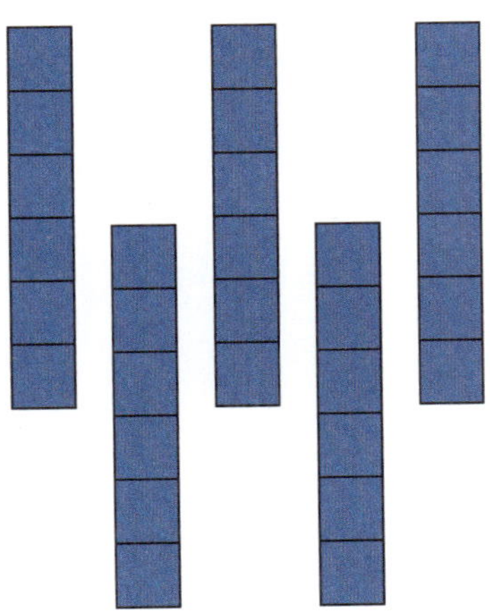

_____ × _____ = _____

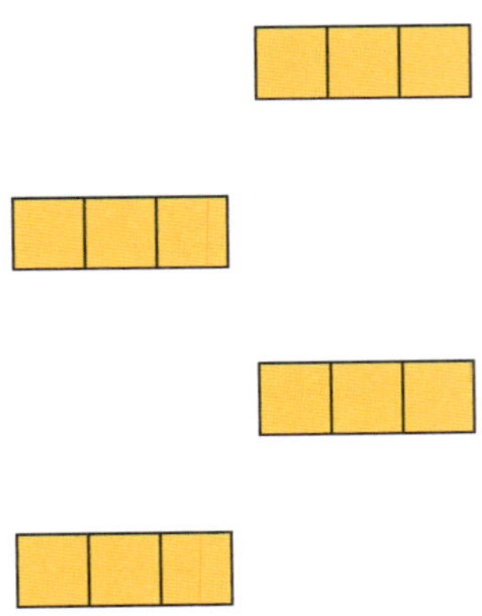

_____ × _____ = _____

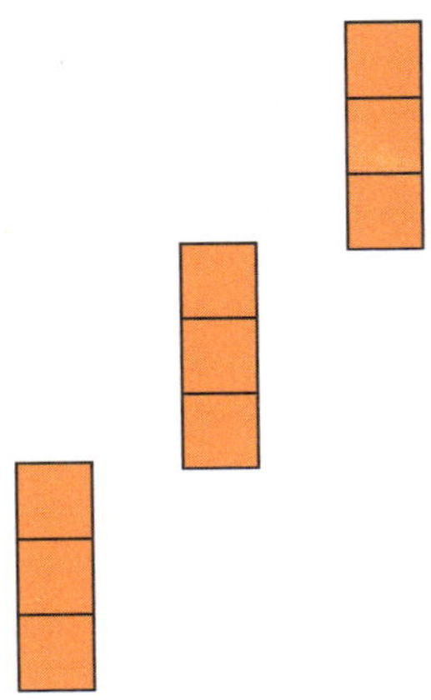

_____ × _____ = _____

Veja se já sabe

1. Você já conhece a operação divisão.

a) Imagine uma costureira que vai dividir uma quantidade de botões em partes iguais para pôr em **4** caixas. Mostre como ficará a divisão, cercando os botões que ficarão em cada caixa. Serão 4 grupos de botões cercados.

b) Mostre a divisão dos botões escrevendo símbolos da Matemática:

_______ ÷ _______ = _______

2. Veja quanto dinheiro tem cada um:

Gustavo

Ísis

a) Gustavo tem R$ _______,00 e Ísis tem R$ _______,00.

b) Gustavo tem mais dinheiro que Ísis. Ele tem R$ _______,00 a mais.

c) Gustavo e Ísis, juntos, têm R$ _______,00.

d) Se Ísis gastar R$ 7,00 do dinheiro dela, restarão R$ _______,00.

e) Se Gustavo gastar R$ 7,00 do dinheiro dele, restarão R$ _______,00.

3. Esta é uma mensagem secreta:

5	3	45	$\hat{4}$

$\acute{4}$

60	4	7	2	68	36

Como decifrar a mensagem? Cada número representa uma letra, e você pode descobrir qual é essa letra.

a) Comece fazendo no caderno estas contas:

32 + 28	G	70 − 2	A	8 ÷ 4	I
15 − 8	N	15 ÷ 5	O	6 × 6	L
11 − 7	E	10 ÷ 2	V	38 + 7	C

b) Agora que você sabe a letra que corresponde a cada número, escreva a mensagem.

			^

´

4. O menino tem um metro e meio de altura. Qual é a altura aproximada da lâmpada? E a da casa?
Examine bem a figura, que você descobre.

69. Trabalhos geométricos

Vamos construir?

Composição de formas

1. Destaque os oito triângulos, azuis e laranja, da página 45 das **Folhas especiais**.

2. Com os 4 triângulos azuis, forme um quadrado. Desenhe o resultado nesta página, em tamanho menor.

3. Agora, um desafio! Descubra como formar um quadrado usando os 8 triângulos. Desenhe o resultado em tamanho menor.

4. Cole os triângulos em uma folha de papel para formar este desenho:

Com régua e lápis de cor

1. Use a régua para completar o mosaico. Depois pinte, mantendo o padrão.

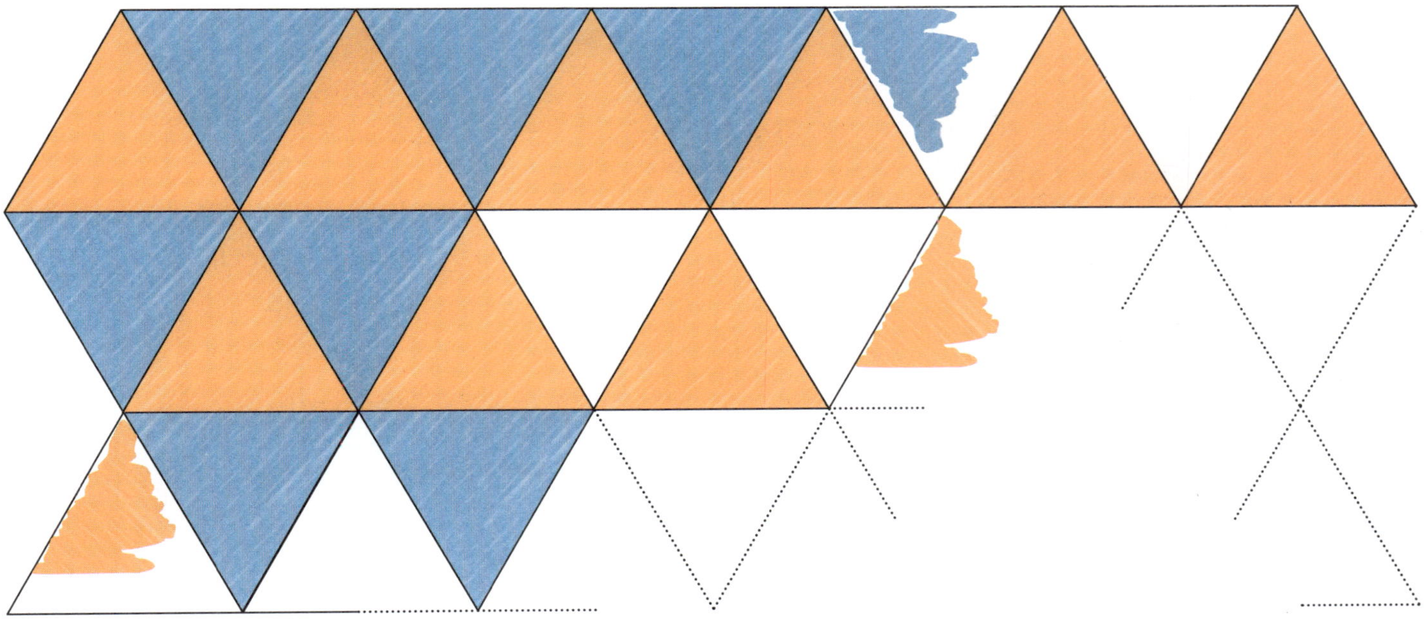

2. Copie o desenho na malha. Depois, pinte como quiser.

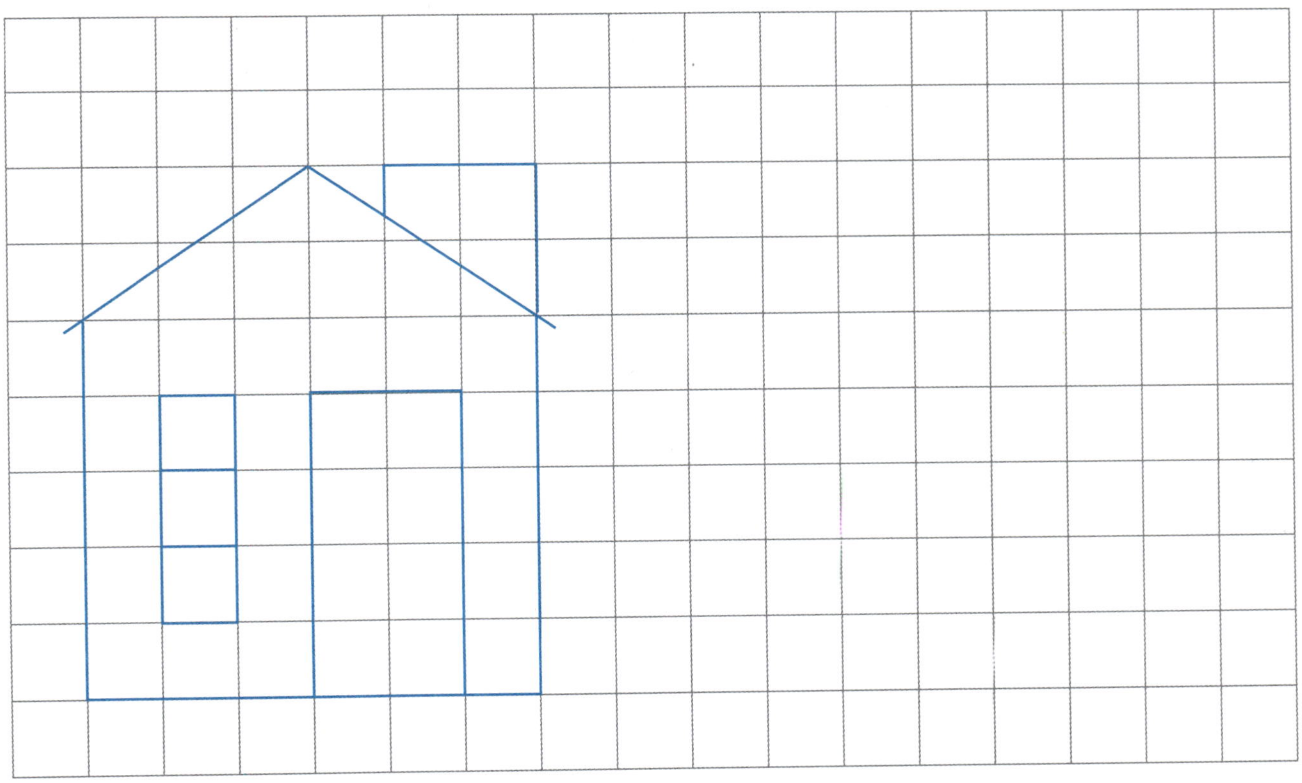

70. Pensando e resolvendo

1. Veja a tabela de preços da papelaria:

a) A lapiseira importada custa mais que a nacional.
Quanto a mais? ____________________

b) Marinho deve comprar 3 cadernos de 50 folhas e uma lapiseira, da mais barata. Quanto vai gastar? ____________________

c) A irmã de Marinho precisa de 2 cadernos de 100 folhas e 3 pastas simples. Quanto vai gastar? ____________________

d) Marinho pagou a conta da irmã com uma cédula de R$ 20,00.
Qual foi o troco que ele recebeu? ____________________

e) Uma senhora gastou R$ 21,00 comprando lapiseiras nacionais.
Quantas lapiseiras ela comprou? ____________________

2. **Invente, escreva e resolva um problema usando a tabela de preços da papelaria. Deve ser um problema que precise de alguma conta para ser resolvido.**

____

____

____

3. Três alunas queriam desenhar.
A professora deu 16 gizes de cera às três e disse para repartirem igualmente.
Quantos gizes no máximo cada uma pôde pegar?

4. Era uma vez um pacote com 18 biscoitos.

a) Maruilson comeu metade deles. Quantos sobraram?

b) Depois, Cordélia comeu outros três. Quantos sobraram?

5. No supermercado, o preço de uma lata de óleo era 3 reais e o preço de um quilo de peixe era o triplo desse valor. Mamãe comprou a lata de óleo e um quilo de peixe. Quanto gastou?

6. Observe a receita:

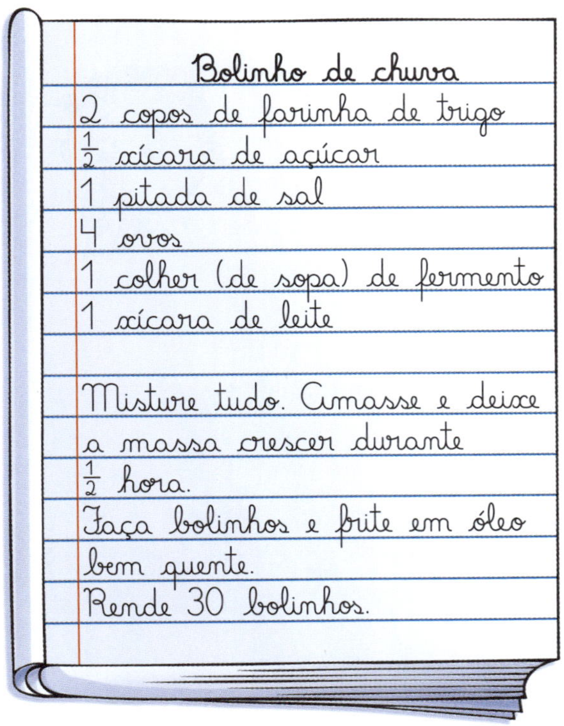

- Você viu a receita para fazer 30 bolinhos. Escreva as quantidades adequadas para fazer 60 bolinhos.

_______________ de farinha de trigo

_______________ de açúcar

_______________ de sal

_______________ ovos

_______________ de fermento

_______________ de leite

71. Adição ou multiplicação

1. Em cada quadro, escreva uma conta para obter o total.
Mas atenção: duas dessas contas devem ser multiplicações.

O total de flores é:

_______________ = _______

O total de barcos é:

_______________ = _______

O total de uvas é:

_______________ = _______

O total de peixinhos é:

_______________ = _______

2. Complete os balões:

$1 + 1 = 2$
e $2 + 2 = 4$.

Continuando:
$4 + 4 = 8$ e
$8 + 8 =$ _______

Continuando:
_______________ = _______ e
_______________ = _______

3. Calcule mentalmente e complete:

a) $11 + 11 =$ _______
b) $11 + 12 =$ _______
c) $22 + 22 =$ _______
d) $22 + 23 =$ _______
e) $30 + 30 =$ _______
f) $30 + 31 =$ _______

4. O total de centavos é: _______ × _______ = _______

- O valor em reais é _______________

Filas, colunas e multiplicações

1. Veja: são 3 fileiras de 5 cadeiras, ou seja, 3 vezes 5 cadeiras.

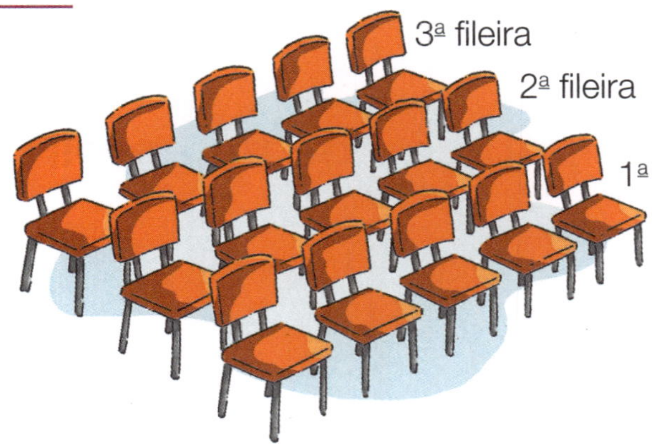

- Quantas cadeiras há em três fileiras de cinco?

  ______ × ______ = ______

2. Veja: são 4 pilhas de 5 caixas cada uma.

- O total de caixas é:

  ______ × ______ = ______

3. Neste mosaico, há colunas de azulejos amarelos e de azulejos azuis.

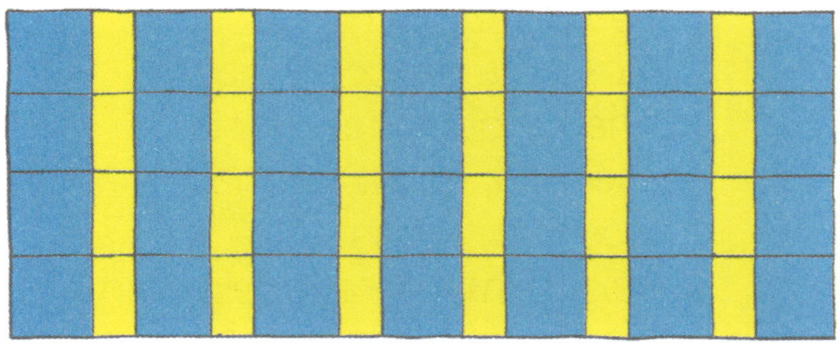

a) Quantas são as colunas de azulejos azuis? ______

b) Quantos são os azulejos azuis em cada coluna? ______

c) O total de azulejos azuis é:

______ × ______ = ______

4. Para fazer um desenho mostrando **3 × 2**, podemos fazer 3 colunas de 2 bolas ou 3 filas de 2 bolas.

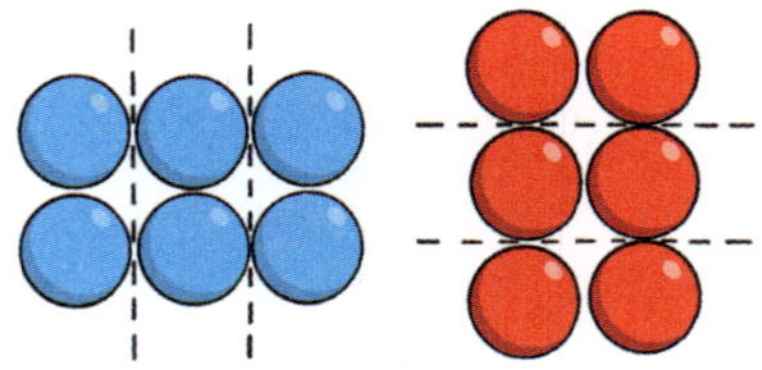

- Faça um desenho para mostrar a multiplicação: **5 × 3**

72. Comparação de números

Comparação de números "grandes"

1. Alice, Lia, Marli e Valderez estão brincando com um *videogame*:

Veja quantos pontos cada uma fez:

Alice: 1 970

Lia: 2 100

Marli: 1 820

Valderez: 2 985

- Observe bem os números de pontos para descobrir quem fez mais e quem fez menos. Nesse jogo, quem faz mais pontos fica na frente. Depois, complete a tabela com a classificação das jogadoras.

1ª colocada	
2ª colocada	
3ª colocada	
4ª colocada	

2. Veja os preços de alguns aparelhos:

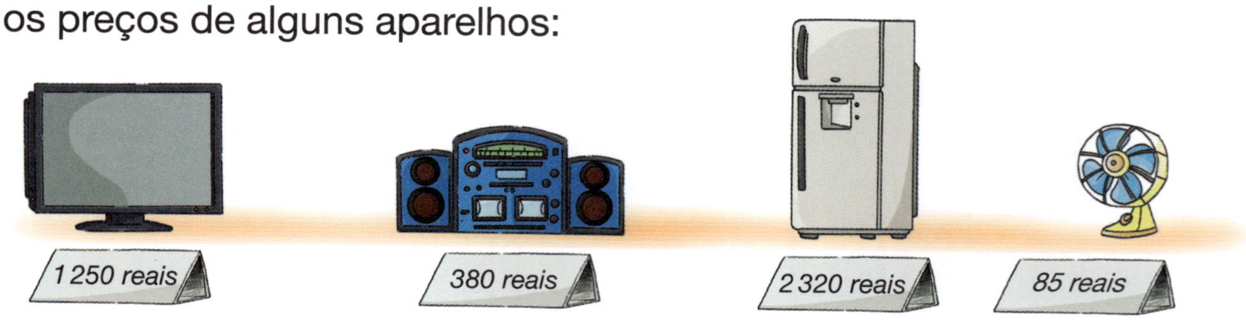

a) Qual é o mais caro desses aparelhos? ______________________

b) Qual é o mais barato? ______________________

c) Quem possui 2 000 reais pode comprar o televisor? __________

d) Com 2 000 reais, dá para comprar o refrigerador? __________

Resolvendo com calculadora

1. Faça as multiplicações na calculadora e complete:

$10 \times 13 =$ ______ | $10 \times 9 =$ ______ | $10 \times 11 =$ ______

$10 \times 7 =$ ______ | $10 \times 15 =$ ______ | $10 \times 5 =$ ______

a) Escreva em ordem crescente os resultados que você obteve acima:

____

b) Observe o padrão dos resultados obtidos e escreva os próximos resultados **sem** usar calculadora.

$10 \times 8 =$ ______ $10 \times 10 =$ ______ $10 \times 12 =$ ______

2. Como escrever quantias em dinheiro na calculadora?

A quantia de 3 reais e 25 centavos, escrita com símbolos, fica assim:

R$ 3,25

Na calculadora, digitamos:

3 · 2 5

A quantia de 25 centavos, escrita com símbolos, fica assim:

R$ 0,25

Na calculadora, digitamos:

· 2 5

- Agora, você deve usar calculadora.

a) Vou comprar cada um dos materiais abaixo. Informe quanto vou gastar.

____

b) Outro dia comprei 4 cadernos. Gastei mais ou menos do que na compra acima? Quanto a mais ou a menos?

____

Refletindo mais

Simetria e arte

Terminamos o conteúdo deste livro. O ano escolar também está chegando ao fim. Depois, virão as festas de final de ano, não é?

Vamos, então, encerrar o ano fazendo um bonito cartão com simetria. Depois, você poderá enviá-lo a alguém para desejar um feliz Ano-Novo.

Dobre uma folha de papel ao meio.

Passe o dedo para marcar bem a linha de dobra.

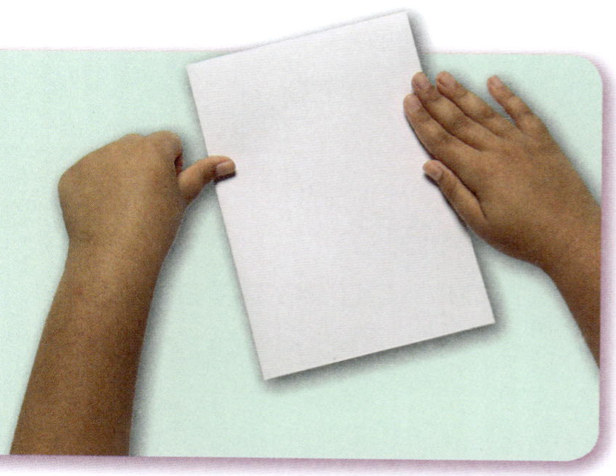

Agora, desdobre. A linha de dobra será o eixo de simetria.

No lado esquerdo da dobra, desenhe a metade de uma pomba, que simboliza a paz. Use lápis preto bem escuro.

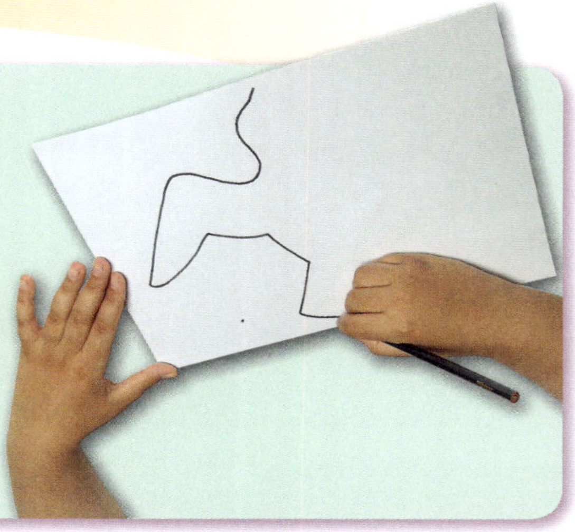

Dobre de novo e passe a borracha com força nas "costas" de seu desenho. Isso vai imprimir o desenho no outro lado da dobra.

Desdobre e reforce o traço que ficou no lado direito da folha. Depois, pinte com simetria a sua pomba.

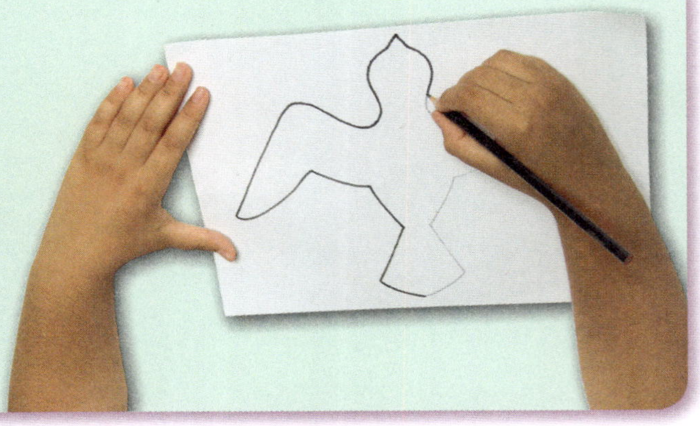

Para terminar, escreva o que desejar na frente do cartão e na parte interna, onde está a pomba. Não se esqueça de enviá-lo a uma pessoa de quem você gosta.

De leitor para leitor

Nós lemos e gostamos.
Achamos que você gostará também.
Divirta-se com bons livros.

Livros

- **Quem parte e reparte...**

  Tatiana Belinky, editora FTD.

  Adaptação de conto popular russo. Em cima da mesa, cinco gansos assados. Em volta dela, seis pessoas. Como fazer uma divisão sem ser injusto? Este é o começo de uma divertida história.

- **As três partes**

  Edson Luiz Koziminski, editora Ática.

  Três formas geométricas, cansadas de formar o desenho de uma casinha, saem pelo mundo à procura de novas formas e cores.

- **A Zeropeia**

  Herbert de Souza, com ilustrações de Bia Salgueiro, editora Moderna.

  Em uma caminhada pela floresta, a centopeia encontra a barata, que se assusta com sua quantidade de patas. Outros bichos e outros problemas surgirão no meio do caminho.

- **A peteca do pinto**

  Nílson José Machado, com ilustrações de Alejandro Rosas, editora Scipione.

  Com texto simples e ritmado, a história trata da contagem e da leitura das horas em relógio analógico.

- **Amigos para ler e contar**

  Nílson José Machado, com ilustrações de Alejandro Rosas, editora Scipione.

  O valor posicional é explorado a partir de uma "conversa" entre o número 1 e a letra A.

- **Um bichinho na linha**

Ziraldo Alves Pinto, editora Melhoramentos.

O bichinho da maçã brinca com figuras e sólidos geométricos e sonha com casas fantásticas e pedras preciosas. Acaba percebendo que, nessas maravilhas, ainda falta alguma coisa.

- **Adivinhe se puder**

Eva Furnari, texto e ilustrações, editora Moderna.

Um livro de adivinhas que diverte e entretém, desenvolvendo linguagem e raciocínio lógico.

- **Clact... clact... clact**

Liliana e Michele Iacocca, editora Ática.

Uma tesoura mandona encontra papeizinhos picados com várias formas geométricas e tenta organizar a bagunça.

- **O país quadrado**

Nély A. Guernelli Nucci e Maria da Paz Lima Vieira, com ilustrações de Sérgio Ramos, editora Paulinas.

Um duende ensina a transformar figuras geométricas em criativos personagens e ambientes. Por meio da arte origami, quadrados se transformam em borboletas e estas mandam mensagens de comunicação e convivência.

- **Sopa de bruxa**

Jeong Hae-Wang, com ilustrações de Oh Seung-Min, tradução de Thais Rimkus, editora Callis.

A bruxinha Rafaela está preparando uma novidade para o concurso de culinária de Abracadabra, sem saber que outra bruxa está espionando-a para fazer tudo igual. A história enfatiza o uso de partes do corpo como unidades de medida.

Créditos das fotos

(da esquerda para a direita, de cima para baixo)

As imagens identificadas com a sigla CID foram fornecidas pelo Centro de Informação e Documentação da Editora Moderna.

Reprodução das cédulas e moedas: © Banco Central do Brasil.

p. 3 Sérgio Dotta Jr./CID

p. 8 Fernando Favoretto/Paulo Manzi/CID

p. 9 Fernando Favoretto/CID (avenida em São Paulo); Paulo Manzi/CID (cama)

p. 12 Paulo Manzi/CID

p. 15 Paulo Manzi/CID

p. 23 Fernando Favoretto/CID (homem de costas); Vanderlei Almeida/AFP/Getty Images (Ginásio do Maracanãzinho)

p. 28 Paulo Manzi/CID

p. 29 Paulo Manzi/CID

p. 33 Ant Viñas Valcarcel/CID (calculadora); Photodisc/Getty Images (relógio); Estelle Klawitter/Zefa/Corbis/Latinstock (triângulo); Paulo Manzi/CID (pedaço de colcha); Museu Nacional de Belas Artes, Rio de Janeiro (pintura); Reprodução (capa de livro); Keydisc/Keystone (CD)

p. 34 Paulo Manzi/CID

p. 35 Paulo Manzi/CID

p. 37 Paulo Manzi/CID

p. 40 Paulo Manzi/CID (pregos e parafusos); Fernando Favoretto/CID (mãos, pernas)

p. 44 Paulo Manzi/CID

p. 52 Sérgio Dotta Jr./The Next

p. 53 Sérgio Dotta Jr./The Next

p. 54 TV Cultura/Editora Abril (Zazá, Lola); Paulo Manzi/CID (dados);

p. 56 Paulo Manzi (vinheta); Sérgio Dotta Jr./CID (menina em pé, menina sentada)

p. 57 Sérgio Dotta Jr./The Next (menino em pé olhando lata); Sofia Pereira Lisboa (desenho)

p. 62 Paulo Manzi/CID

p. 65 Paulo Manzi/CID

p. 66 Paulo Manzi/CID (dados); Sérgio Dotta Jr./CID (mão segurando dado)

p. 67 Paulo Manzi/CID

p. 70 Murat Taner/Photographer´s Choice/Getty Images (ponte sobre o Rio Manzanares); Juan Pratginestós/Olhar Imagem (ponte sobre o Lago Paranoá)

p. 71 Ricardo Chaves/Editora Abril (Sócrates e Zico); Silvia Izquierdo/AP/ ImagePlus (Robinho e Luis Fabiano)

p. 74 Fernando Favoretto/CID

p. 75 Paulo Manzi/CID

p. 77 Paulo Manzi/CID

p. 78 Ricardo Matsukawa/Futura Press

p. 79 Ricardo Matsukawa/Futura Press

p. 82 Sérgio Dotta Jr./CID

p. 83 Sérgio Dotta Jr./CID

p. 86 Paulo Manzi/CID

p. 87 Sérgio Dotta Jr./The Next (3 fotos); Paulo Manzi/CID (imagem formada por retângulos)

p. 91 Fernando Favoretto/CID

p. 94 Paulo Manzi/CID

p. 95 Paulo Manzi/CID

p. 98 Banco Central de Reserva del Perú

p. 99 Fernando Favoretto/CID

p. 100 Paulo Manzi/CID

p. 111 Reprodução (placas: proibido celular, "cuidado! Crianças brincando", "cadeirante", pronto-socorro, "siga em frente"); Iara Venanzi/Kino (placa: velocidade máxima permitida); Manuel Lourenço/Olhar Imagem (placas: sinalização em estrada de Minas Gerais, "área escolar"); Jacek/Kino (placa: "dê a preferência")

p. 113 Paulo Manzi/CID

p. 115 Paulo Manzi/CID

p. 118 Paulo Manzi/CID

p. 122 Paulo Manzi/CID

p. 124 Fernando Favoretto/CID

p. 132 Paulo Manzi/CID

p. 136 Fernando Favoretto/CID (Placa); Sérgio Dotta Jr./CID (balança)

p. 137 Superstock/Keystock (indicação de assento em avião); Reprodução (verso RG)

p. 138 Bridgeman Art Library/Keystone – Via Canoniche, Treviso (mosaico do século IV); Werner forman Archive/ImagePlus (mosaico do século II); Erich Lessing/Album/Latinstock – Museu Nacional Romano (mosaico romano do século I)

p. 139 Marc Hill/Alamy/Other Images (piso com desenhos triangulares); Robert O'Dea/Getty Images (piso quadrado e retangular); Roberto Assunção/Folha Imagem (piso quadrado)

p. 141 Sérgio Dotta Jr./CID

p. 146 Paulo Manzi/CID

p. 149 Paulo Manzi/CID

p. 150 Paulo Manzi/CID

p. 152 Paulo Manzi/CID

p. 160 Paulo Manzi/CID

p. 162 Paulo Manzi/CID

p. 164 Sérgio Dotta Jr./CID

p. 175 Keydisc/Keystone

p. 176 Paulo Manzi/CID

p. 180 Valter Sacilotto – Coleção Particular

p. 182 Paulo Manzi/CID

p. 184 Masterfile/Other Images (menina); Bárbara Peacock/Taxi – Getty Images (menino); Photodisc/Getty Images (mulher, homem, senhora)

p. 190 Paulo Manzi/CID

p. 195 Fernando Favoretto/CID

p. 196 Keydisc/Keystone

p. 198 Paulo Manzi/CID

p. 202 Alexandre Vidal/Divulgação Confederação Brasileira de Basquetebol

p. 204 Alexandre Dacosta – Coleção Particular

p. 206 Sérgio Dotta Jr./The Next

p. 208 Antonio Scorza/AFP (presidente Itamar Franco, 1992); Alan Marques/Folha Imagem (presidente Fernando Henrique Cardoso, 1998; Rodrigues Pozzebom/ABr (presidente Luiz Inácio Lula da Silva, 2007)

p. 213 Paulo Manzi/CID

p. 214 WR Imagens/Divulgação Confederação Brasileira de Basquetebol

p. 222 LWA/Taxi/Getty Images (médica); LWA-JDC/Corbis/LatinStock (professora)

p. 226 Paulo Manzi/CID (vinheta, três fotos); Jacek/Kino (caixa de fósforos)

p. 227 Sérgio Dotta Jr./The Next

p. 238 Paulo Manzi/CID

p. 252 Paulo Manzi/CID

p. 260 Paulo Manzi/CID

p. 261 Paulo Manzi/CID

p. 262 Paulo Manzi/CID (vinheta); Reprodução (capas de livros)

p. 263 Reprodução

FOLHAS ESPECIAIS

As páginas seguintes serão
usadas em diversas atividades.
Você fará colagens, desenhos, construções e montagens.
Por isso, precisará de tesoura, cola, régua,
lápis de cor e, às vezes, de alguns outros materiais.
Aguarde as orientações de sua professora.
Depois, mãos à obra!

Quatro formas famosas

(para o *Vamos explorar?* da página 34)

Quatro formas famosas

(para o *Vamos explorar?* da página 34)

Cartas para jogar

(para o *Vamos jogar?* da página 48)

0 1

2 3

4

Cartas para jogar

(para o *Vamos jogar?* da página 48)

5

6.

7

8

9.

Planificação de um dado

(para o *Vamos construir?* da página 65 e atividades das páginas 66 e 67)

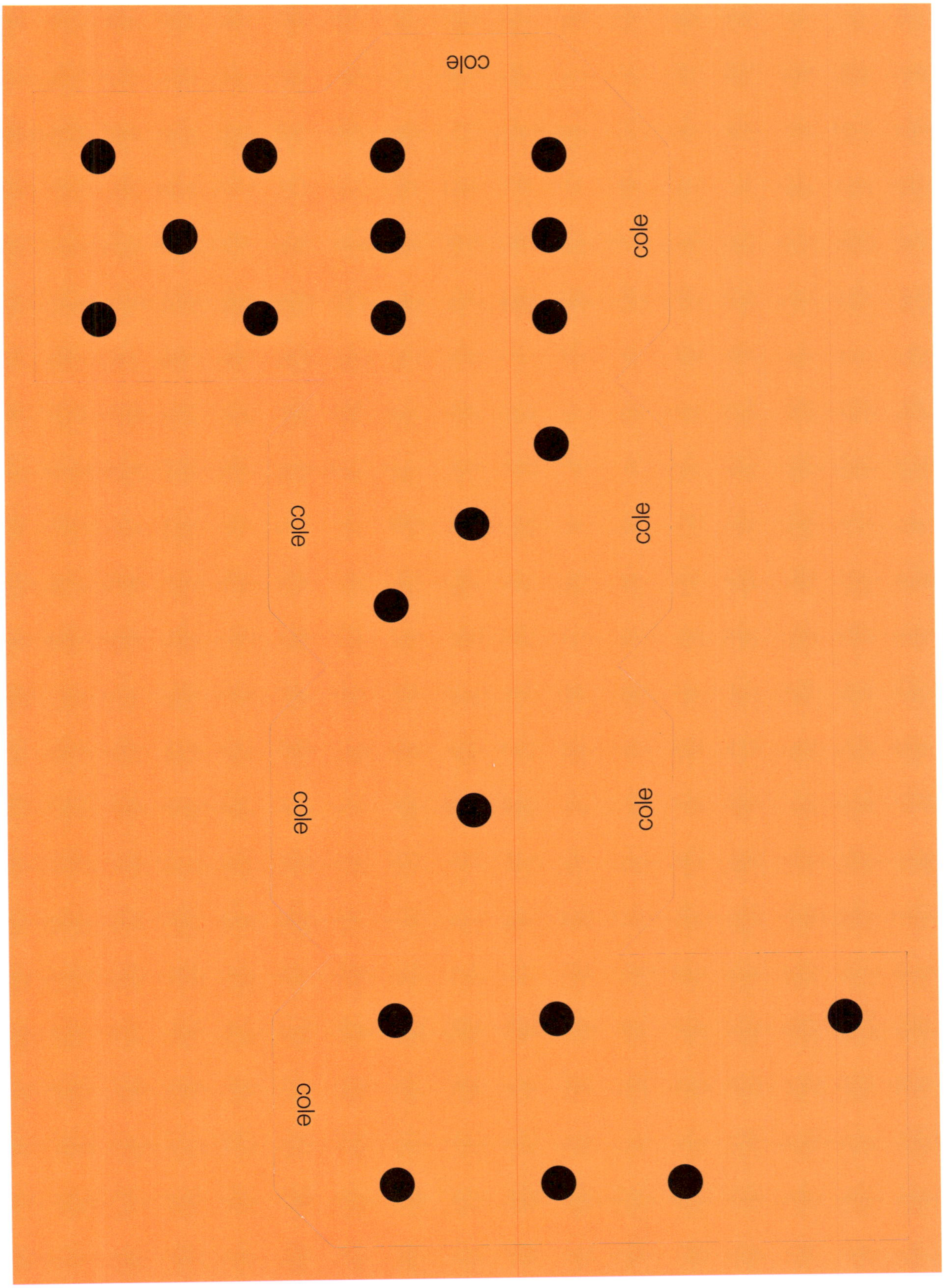

Cédulas de brinquedo do nosso dinheiro

Cédulas de brinquedo do nosso dinheiro

Cédulas de brinquedo do nosso dinheiro

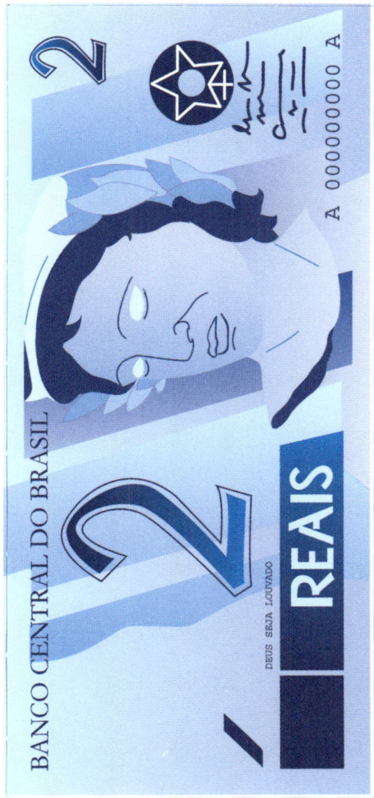

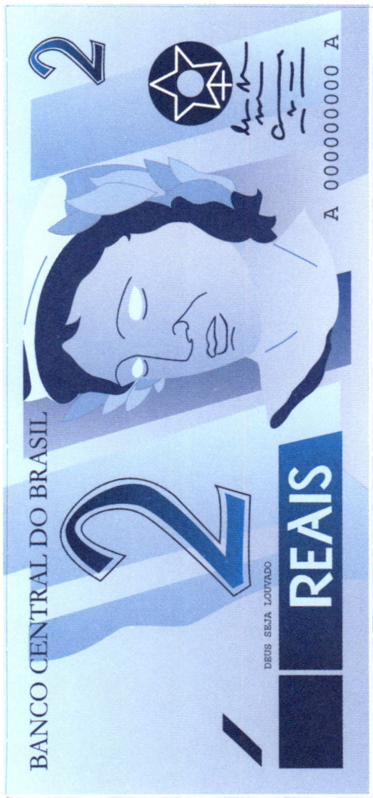

Cédulas de brinquedo do nosso dinheiro

Cédulas de brinquedo do nosso dinheiro

Cédulas de brinquedo do nosso dinheiro

Moedas de brinquedo do nosso dinheiro

Moedas de brinquedo do nosso dinheiro

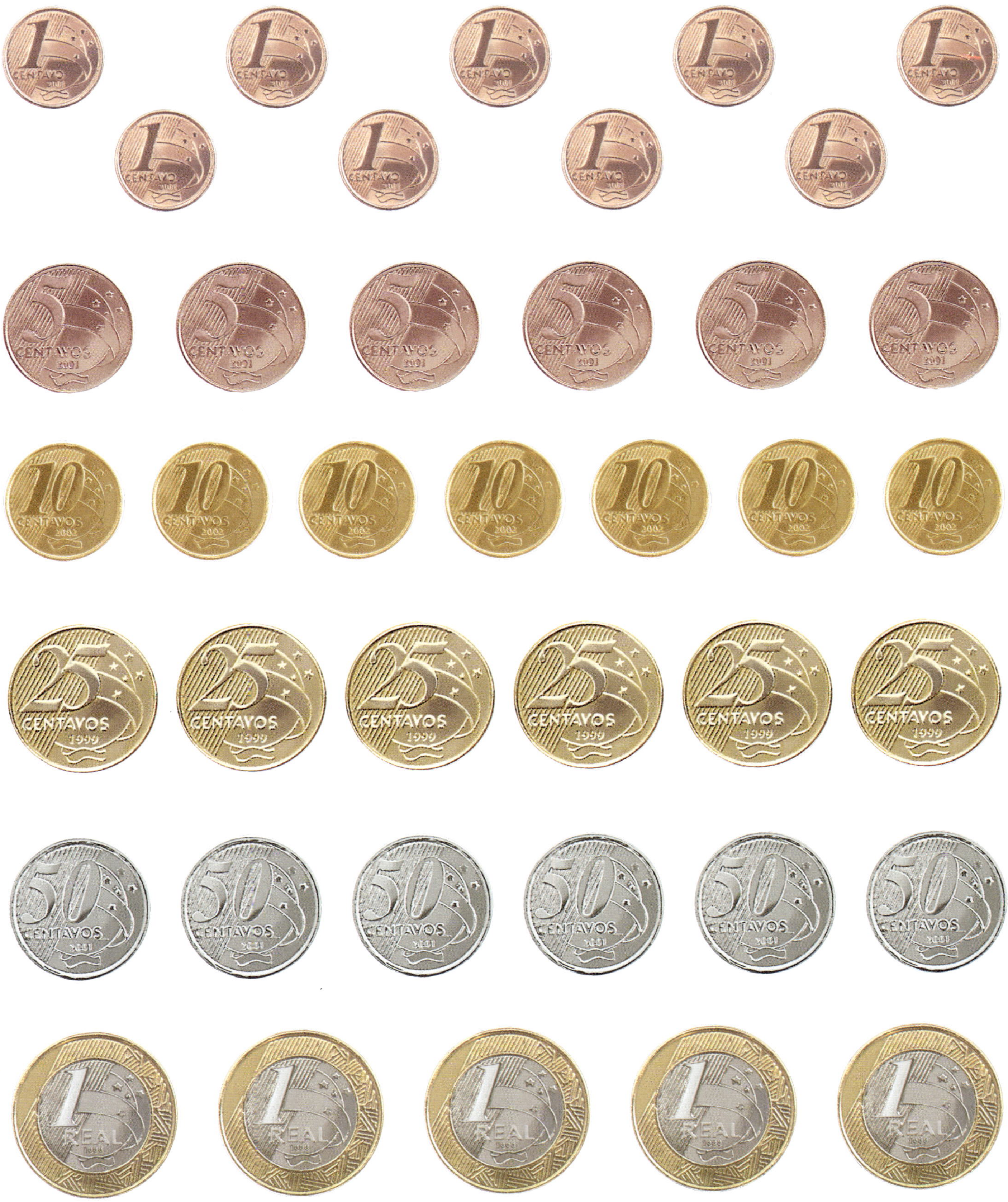

Dominó da subtração

0	9 – 7
5	9 – 0
6	8 – 3
8	7 – 0
1	8 – 8
7	7 – 3
3	7 – 2
9	9 – 2
7	8 – 5
3	8 – 2
6	4 – 1
2	9 – 3
4	5 – 4
5	9 – 1

Palhaço Alegria

(para o *Vamos explorar?* da página 150 e atividades da página 151)

Roupas do Palhaço Alegria

(para o *Vamos explorar?* da página 150 e atividades da página 151)

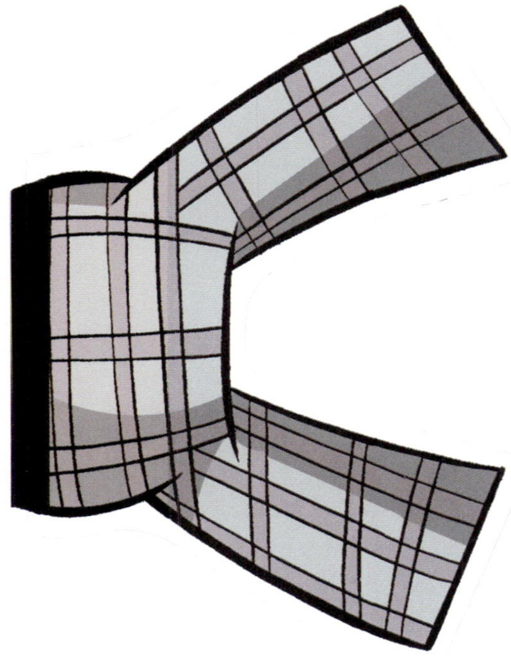

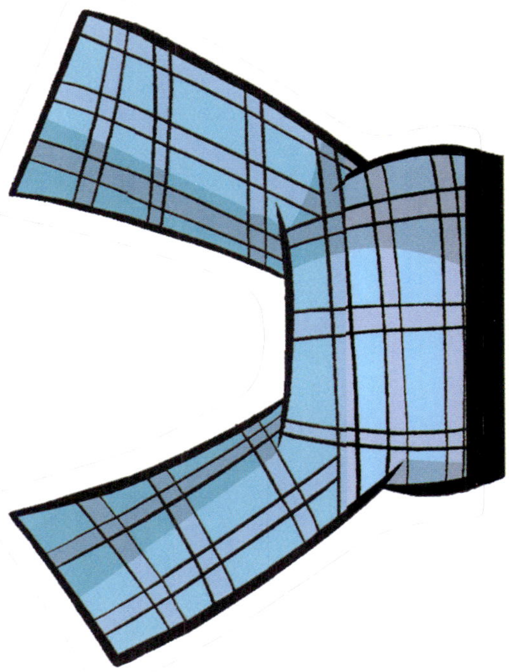

Material base dez

Material base dez

Quebra-cabeça

(para o *Vamos construir?* da página 178)

Planificação de um cubo

(para o *Vamos construir?* da página 226 e atividades da página 228)

Relógio

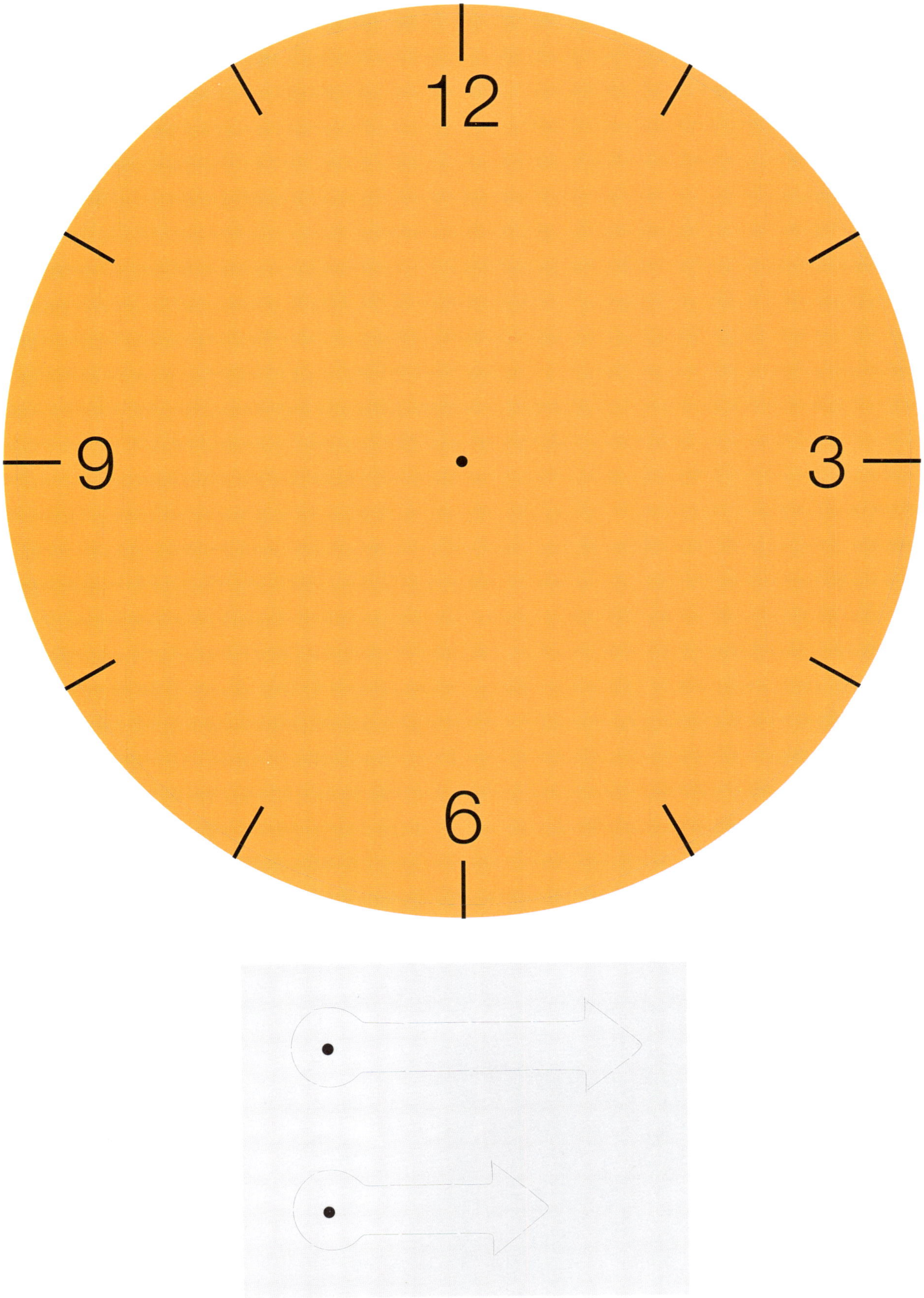

Composição de formas

(para o *Vamos construir?* da página 252)

Mosaico

Sugestão:

Pinte de uma cor a figura de 5 lados do canto superior esquerdo. Pinte com uma segunda cor a figura de 5 lados abaixo da que você pintou. Continue assim: primeira cor, segunda cor, primeira cor... Depois, se quiser, use outra cor nas figuras de 4 lados.

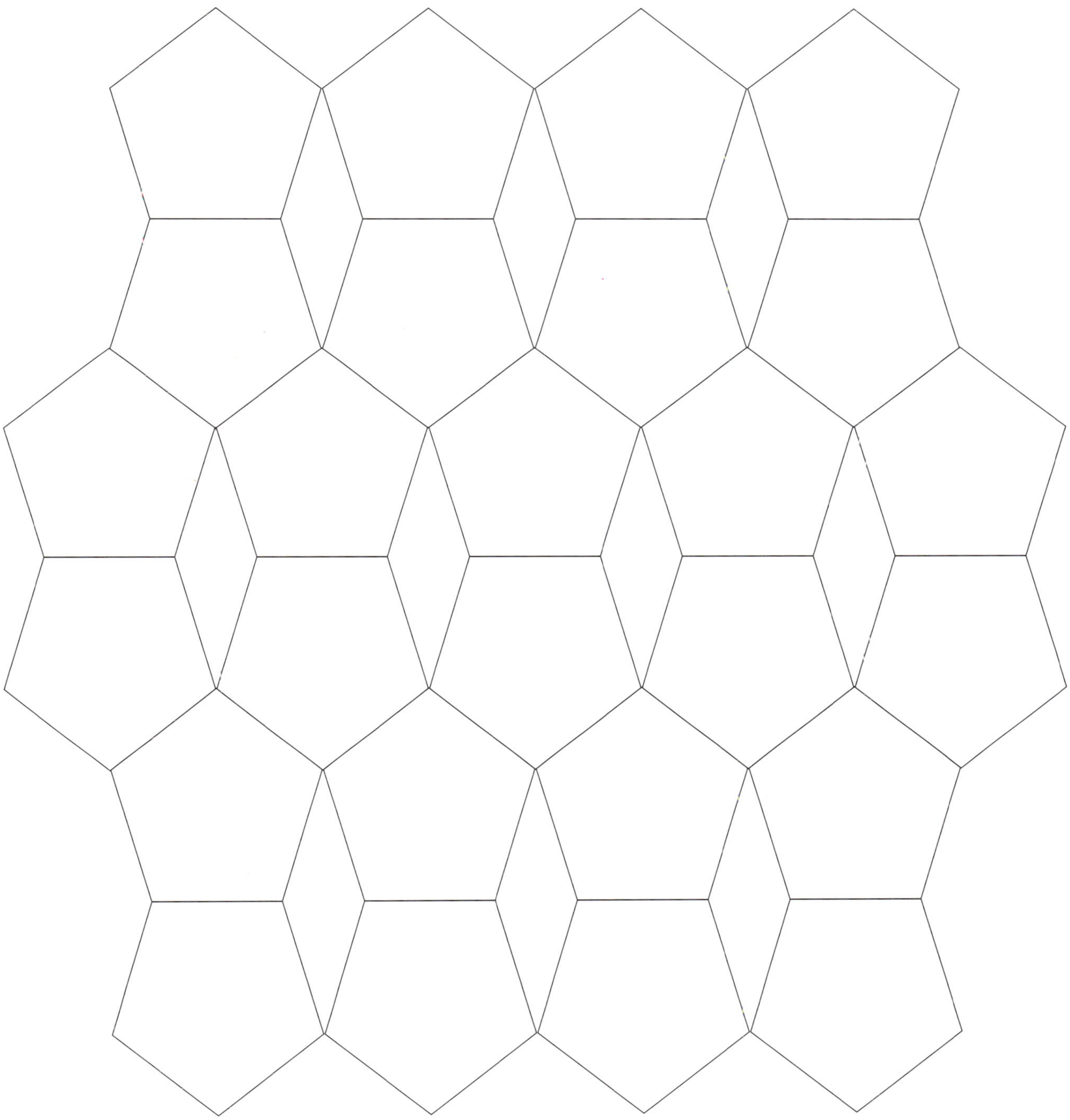